핀란드
명품교육법

KODOMO NO ATAMA NO YOSA WO HIKIDASU FINLAND SHIKI KYOIKUHO

by Kobayashi Asao

Copyright by Kobayashi Asao

All rights reserved.

Originally published in Japan by SEISHUN PUBLISHING CO., LTD. Tokyo

Korean translation rights arranged with SEISHUN PUBLISHING CO., LTD.

Tokyo Japan through UNION Agency, Seoul.

이 책의 한국어판 저작권은 UNION Agency를 통한
저자와의 독점 계약으로 도서출판 동해에 있습니다.
신저작권법에 의하여 한국내에서 보호를 받는 저작물이므로
무단전재와 무단복제를 금합니다.

핀란드
명품교육법

코바야시 아사오 지음
홍영의 옮김

머리말

학력을 초월한 힘이 '잠재능력'을 이끌어낸다는 요즘,

매스컴에서는 핀란드에 대한 교육내용이 많이 소개되고 있다. 그런데 그 대부분이 핀란드 교육 현장에서의 교육법을 직역한 것들 뿐, 우리나라 사람의 감각에서 동떨어진 별 세계의 교육법으로서 반영되어버린다.

이 책은 OECD가 실시하고 있는 세계적인 학력 테스트(PISA: 학생의 학습도달도 조사)에서 핀란드가 2001년, 2003년, 2006년 3회 연속으로 종합 1위를 획득한 그 비밀에 대해서 구체적으로 해명해 나가려고 한다.

세계 56개국 중에서 핀란드라는 나라의 아이들이 어떻게 해서 세계 최고의 학력을 익혔는지 그 진실에 다가간다.

2006년, OECD의 학습 도달도 조사(PISA)

순 위	수학적 literacy	독해력	과학적 literacy
1	대만	한국	핀란드
2	핀란드	핀란드	홍콩
3	홍콩	홍콩	캐나다
4	한국	캐나다	대만
5	네덜란드	뉴질랜드	에스토니아
6	스위스	아일랜드	일본
7	캐나다	오스트레일리아	뉴질랜드
8	마카오	리히텐슈타인	오스트레일리아
9	리히텐슈타인	폴란드	네덜란드
10	일본	스웨덴	리히텐슈타인

한편, 핀란드에는 학원이라는 것이 없다. 더구나 가정교사도 없다. 그리고 놀랍게도 숙제마저 없다. 요컨대 학교 이외의 자리에서 아이들이 학습하는 환경은 전혀 없는 것이다. 다시 말해서 핀란드의 아이들은 학교 수업만으로 세계 제일의 학력을 익히고 있는 것이다.

내가 핀란드의 교육법에 대해서 알고 싶다고 생각하게 된 것은 이전에 주재하고 있던 학원에서 학생 중 절반이 여학생으로 이루어져 있었던 점이 그 계기다. 그 아이의 부친은 붉은 머리에 몸집이 큰 백인이었다. 러시아계의 외국인이라 생각하고 있었는데 후에 핀란드인이라는 것을 알았다.

그 아이의 노트를 보면 다른 아이의 노트와는 전혀 다르기 때문에 그 아이와 그 가족에게 대단한 흥미를 갖게 되었다. 그 아이는 이야기를 들으면서 노트에 그림인지 퍼즐인지 알 수 없는 것들을 그리면서 막힘 없이 여러 가지 사항을 쓰고 있었다.

 그 때는 그것이 핀란드식 학습법인 *아야투스 카르타(Ajatus Kartta)라는 것을 몰랐었는데 후에 '선생님의 수업은 핀란드의 수업 같아요' 라고 말하는 그 아이의 아버지 말에 의해 나의 국어 수업과 핀란드식 학습법이 연동해 가게 되었다.

*아야투스 카르타(Ajatus Kartta) : 핀란드식 교육방법으로 사용되는 기본 도구인데 영어로는 마인드 맵(mind map)을 말하는 것이다. 복수의 키워드를 선으로 연결하여 단편적인 개념을 방사적, 연상적으로 그림이나 도표로 그려 사고의 흐름이나 그 전체의 형상을 분명히 하는 기록법.

핀란드 사람들은 어른도 포함해서 인생을 즐기지 않으면 도대체 무엇 때문에 살고 있는지 알 수 없다는 생각을 가지고 있다. 핀란드인으로서는 즐겁게 삶으로써 인생에 가치가 생긴다는 발상이다.

 산부인과와 소아과의 감소라는 우리 사회의 현실을 보게 되면 우리의 교육 환경에는 공허감이 감돌고 있는 인상을 강하게 받는다.

 국가의 미래는 아이들이 짊어진다는 것을 명심하고 그 나라의 사회를 형성해 나가는 것이 본래의 정치적 모습이 아니겠는가.

 지금이야말로 우리는 핀란드식 교육과 생활 태도에서 배워야 한다.

핀란드에서는 아이들에게 모국어인 핀란드어를 완전히 마스터시킨 후에 커뮤니케이션 능력의 육성, 발상력을 단련시킨다. 그것은 아이들이 지도하는 측의 말을 이해하지 않고서 효율 있는 학습을 할 수 없다고 생각하고 있기 때문이다. 핀란드에서의 학습의 기본은 핀란드어에 있다.

국어를 완전히 이해하지 못하고서는 다른 교과는 물론이고 장래의 일에도 영향을 미치게 된다. 진실은 말을 사용하지 않아도 마음에 의해서 상대에게 전해진다는 생각도 틀리지는 않지만 말로 전하는 것이 신속하고 정확하게 상대에게 전해지는 것이다.

이 책에서는 핀란드 교육의 좋은 면을 누구나 응용할 수 있도록 구체적으로 기술하고있다.

이 책을 자녀를 둔 모든 어머니, 아버지가 읽어주기 바란다. 누구의 눈에나 우리의 모순과 개혁해야 할 점 그리고 지금 자신의 아이에게 필요한 교육의 진실이 똑똑히 보이게 될 것이 틀림없다.

이 책이 아이들이 본래 가지고 있는 '잠재 능력'을 이끌어내는 실마리가 될 것을 진심으로 바란다.

목 차

제1장 핀란드식 교육의 비밀
— 여유가 있는 진정한 교육이라면 아이는 반드시 성장한다.

- '진정한 여유 있는 교육'이 행해지고 있는 핀란드 | 18
- 자연과 공존하는 'Compact City' | 21
- 사람과 자연이 공존한다 | 23
- 핀란드에서 행해지고 있는 자연과의 접촉법 | 24
- '아무것도 없는 숲'이 창조력을 낳는다 | 27
- 핀란드의 대통령은 '무민마마(Mumin mama)' | 31
- 좋은 것을 생활에 받아들이는 유연성 | 34
- 자연에게 감사하고 신에게 감사하며 사람들에게 감사한다 | 37
- 샐러리맨의 70퍼센트가 별장을 가지고 있다 | 39
- 갓난아기에게 코 호흡을 유도 | 41
- 무슨 일이든 적극적으로 즐겁게 산다 | 44
- 벌레가 진짜 자연을 키우고 있다 | 47

제2장 우리들의 교육

— 학원이 없는 핀란드의 학력이 어떻게 세계 최고가 되었는가

- 편해지고 싶어하는 교육자의 테크닉 | 52
- 낭비를 싫어하는 기질이 교육에도 반영 | 55
- 아이의 노력이 성과로서 나타나는 구조를 만들자 | 57
- 감사하는 마음이 아이를 풍족하게 한다 | 59
- 공부는 하루 24시간 할 수 있다 | 61
- 테스트를 위한 공부를 하지 않는다 | 64
- 도시일수록 줄고 있는 가족의 대화 | 67
- 애정도 예의범절 교육도 아낌없이 쏟다 | 70
- 부모 자식간의 유대가 학력을 키운다 | 72
- 지독한 교육자 | 73
- 아이의 가능성을 믿는다 | 77

제3장 Map process(지도 방식)의 공부법
—부모의 '약간의 궁리'가 자유로운 표현력, 창조력이 자라게 한다

- 부모의 자제가 아이를 강하게 키운다 | 84
- 자화상에 나무 한 그루 그린 아이의 이야기 | 87
- 그림으로 마음을 표현할 수 있는 교육을 | 91
- 카르타식 학습의 구체적인 방법 | 93
- 카르타로 아이들의 마음 속을 알 수 있다 | 96
- 논리력을 키우기 위한 실천 카르타 | 99
- 감정을 그대로 나타낸 실천 카르타 | 102
- 객관성을 키우려면 어떻게 하면 될까 | 104
- 강요하지 않고 아이의 의욕을 이끌어 내는 방법 | 107
- 몸을 만지면서 말하면 생각은 전달된다 | 109
- 부모도 아이도 '혼자만의 시간'을 만든다 | 111
- 휴대 전화를 어떻게 생각하는가 | 114
- 아름다운 것을 보면 마음은 자연히 자란다 | 117
- 인내력은 14세까지 익히게 한다 | 119

제4장 대화의 습관

— 핀란드의 가정에서 실행하고 있는 학력 이전의 중요한 것

- 부모에게는 자기 나름의 교육 철학이 필요 | 126
- 아이의 적극성을 신장하는 말, 그렇지 않은 말 | 129
- 축적되는 공부 법, 곧 잊어버리는 공부 법 | 134
- 철저하게 이야기한다 | 135
- 감사합니다' 다음에 마음을 어떻게 표현하는가 | 138
- 꾸준히 생각하는 것이 논리력과 이어진다 | 140
- 논리적으로 생각하는 것의 중요성 | 141
- 어떻게 논리와 감정의 밸런스를 잡을 것인가 | 145
- 적극적인 사고가 마음의 풍족함과 이어진다 | 148
- 아이가 우는 진정한 이유 | 151
- 아이는 잠자고 있는 동안에도 생각한다 | 152
- 아이의 재능을 키우려면 | 156

제5장 아이의 잠재 능력

— 핀란드식 교육법이 증명한 말과 학력의 깊은 관계

- 국어 실력은 모든 학력으로 통한다 | 162
- 책을 읽는 것만으로는 머리가 좋아지지 않는다 | 165
- 아이에게는 의미 없는 '속독술' | 167
- 한 권의 책을 완전히 음미하는 중요성 | 170
- 만화는 최고의 학습 아이템 | 171
- 세계에서 주목되고 있는 한자 | 173
- 수업에 뒤쳐지는 아이가 없는 클래스 | 176
- 조기에 영어를 교육하는 것의 위험성 | 177
- 모든 교과에 공통된 공부하는 방법이 있다 | 179
- 부모가 분발하는 모습이 아이를 강하게 한다 | 181
- 한자를 학습하는 진정한 방법 | 183
- 영화가 종합적인 국어 실력을 양성해 준다 | 185

제6장 부모가 해야 할 일
— 우리나라의 '지적 재산'을 활용하면 아이는 좀더 신장한다

- 수준이 높은 교육관을 갖는 핀란드의 아버지 | 192
- 아이가 하고 있는 문제를 풀어 본다 | 195
- 아이에게 대가를 요구해서는 안 된다 | 198
- 어른들부터 말을 정확히 사용한다 | 200
- 부모의 어휘 양이 아이에게 반영된다 | 201
- '사어'를 감히 사용하여 말의 깊은 맛을 느낀다 | 204

제 1 장

핀란드식 교육의 비밀

여유가 있는 진정한 교육이라면 아이는 반드시 성장한다.

진정한 여유 있는 교육이 행해지고 있는 핀란드

예전 7,80년대가 좋았다고 하는 사람들이 많은데 나도 같은 의견이다.

시장을 갈때도 바구니와 그릇을 손에 들고 정육점이나 생선가게로 향했다. '어, 꼬마야, 심부름 왔니? 착하구나' 하고 칭찬해주는 가게 주인이 있었다. 사람들은 '오늘은 무슨 일이 있습니까.' 하고 말하며 귀에 끼었던 연필을 손에 들고 메모를 한다.

마을을 걸으면 언제나 '잘 지내고 있니?'라는 목소리가 날아왔다. 마을에서는 모르는 사람이 없었는데 지금의 도시에서는 이웃에 누가 살고 있는지도 모르는 상태다. 섣불리 말을 걸었다가는 '이상한 사람'이라 생각해 버릴 것이다. 현재는 시골의 극히 일부 지역을 제외하고 과거의 모습을 담은 마을들은 사라져버렸다.

그런데 핀란드에서는 예전 우리에게 있었던 인정이나 소박함이 그대로 남아 있다. 경치가 아름다운 곳에는 벤치가 놓여 있고 여유롭게 앉아 유유하게 풍경을 즐긴다. 자전거로 오가는 사람들은 웃음 띤 얼굴로 인사한다. 아이들은 학교에서 돌아오면 어두워질 때까지 바깥 공원에서 놀고 있다. 여름에는 아이스바를 먹으면서 걷고 물을 끼얹으면서 논다. 바로 우리의 모습이다.

한 대의 텔레비전을 가족이 함께 본다. 그러나 핀란드에서는 감사하는 마음을 표현하면서 식사하는 것이 일반적이기 때문에 텔레비전은 식사 중에는 보지 않고 차를 마시고 있을 때 본다.

오후 3시는 휴식시간이다. 집에서 구운 쿠키나 비스킷, 블루베리를 곁들인 아이스크림을 차와 함께 먹는다.

핀란드의 여름은 짧다. 때문에 사람들은 공원이나 초원에 가서 태양에 몸을 드러낸다. 이른바 일광욕이다. 최근의 연구에서 밝혀진 것인데 태양의 빛을 쬐지 않으면 뼈가 약해지거나 우울병에 걸리거나 한다는 것이다. 우리에게 우울병이 많아진 원인은 일광욕을 하지 않게 된 탓인지도 모른다.

아이들도 어른도 휴일에는 함께 공원에서 논다. 숲 속으로 들어가 캠핑을 즐기는 가족도 많다. 모닥불을 피우고 차를 끓여서 갓 구워낸 쿠키와 먹는다.

그리고 아버지는 동물과 식물의 습성이나 불가사의한 이야기를 아이에게 한다. 그 이야기는 스토리가 이어져 있어서 다시 숲 속으로 들어갔을 때 계속해서 들려준다.

핀란드의 교육은 숲의 나무가 자라듯이 서서히 차분히 아이들을 성장시켜 간다. 매일 시간에 쫓겨서 생활을 하는 우리의 아이들과는 다른 핀란드의 아이들에게는 여유 있는 교육을 실천하고 있는 것이다.

자연과 공존하는 'Compact City'

  핀란드에서는 항상 자연 속에 자신들의 집이나 일터가 있다는 것을 모두가 의식하며 지내고 있다. 자연 속에서 사람들은 생활을 즐기고 자연의 은혜를 받으며 살고 있다. 자연을 파괴하면서까지 큰 빌딩을 짓거나 유원지를 만드는 것과 같은 어리석은 행위는 하지 않는다. 값비싼 설비가 갖추어진 유원지라도 대자연의 숲이나 호수의 아름다움에는 필적할 수 없다는 것을 그들은 알고 있기 때문이다.

  그런데 현실 문제로서 자동차는 핀란드에서도 필요 불가결한 생활의 아이템이다. 이 문제에 대해 핀란드 정부는 자동차를 될 수 있는 한 사용하지 않고 거리 조성을 추진해 왔다. 이른바 'Compact City'. 이것은 거리 중심부에 철도의 역을 설치하고 거기서 원형 모양으로 거리를 형성해 간다는 거리 조성 방법이다.

중심이 되는 역에서 노면 전차가 사방 팔방으로 향해 달리고 있다. 하늘에서 내려다보면 노면 전차는 마치 거미줄이 펼쳐진듯 거리 전체를 감싸고 있다는 것을 알 수 있다. 시내에서 생활하는 사람들에게 노면 전차는 집 바로 옆에서 탈 수 있는 버스를 대신하는 교통 수단인 것이다.

핀란드에서는 노면 전차가 대부분의 거리에 정비되어 있는 것과 마찬가지로 자전거 전용도로도 잘 정비되어 있다. 거리의 도로에서는 자전거 전용 레인이 준비되어 있고 그것이 역에서 사방으로 뻗어 있다. 교외로 나가면 자동차가 다니는 길과 병행하여 분리된 사이클링 로드가 있다.

30킬로미터 정도의 거리라면 매일 자전거로 회사에 통근하는 비즈니스맨의 모습이 눈에 띈다.

이와 같이 핀란드의 도심지에서는 자동차를 거의 사용할 필요가 없기 때문에 배기 가스로 인한 공기의 오염은 별로 느낄 수 없다. 수도 헬싱키의 상공에도 날씨 좋은 날에는 눈부실 정도로 짙은 푸른 하늘이 펼쳐져 있다.

사람과 자연이 공존한다

최근의 연구 결과에서는 어렸을 때부터 자연과 많이 접촉한 일이 있는 사람은 어른이 되면서 예술적인 재능이 개화되기 쉽고 인간적인 성장도 현저하게 높은 경향이 있다는 보고가 나와 있다.

그 결과가 모든 사람들에게 공통된 진실이라고 한다면 거의 매일 학교와 학원에 가서 공부만 하고 있는 생활습관은 인간의 능력의 성장에 폐해가 된다는 것이다.

'공부하면 할수록 바보가 된다' 라고 표현하면 좀 과장된 것 같지만 우리의 교육 현장에서는 실제로 그런 악순환에 빠져 있는 아이가 많다고 생각한다. 사람은 대자연 속에서 비로소 순수해질 수 있는 생물이다.

그런데 인간도 옛날에는 자연 속에서 생활하고 있었지만 지금은 콘크리트 건물에 둘러싸여 석유를 가공하여 만들어진 것을 사용하고 별로 걷지 않게 되었다. 자연에서 태어났음에도 불구하고 이미 자연을 파괴하는 측으로 돌아서고 말았다.

도시에는 자연을 휴식하는 장소가 없어져 버리고 자연을 찾아 자동차로 이동하여 산이나 바다로 나간다. 전차,

버스, 승용차를 사용하여 다시 자연에게 악영향을 주면서 사람들은 도시에는 없는 아름다운 자연을 찾아 이동한다.

자연이란 무엇일까. 자연과 공존한다는 것은 어떤 생활 태도일까.

숲 속을 걷는다. 해변을 걷는다. 산에 오른다.

이러한 자연에 접하는 기회를 가짐으로써 몸은 재충전된다. 유감스럽게도 많은 사람들이 자동차의 교통 수단을 이용하지 않으면 쉽게 자연에 접할 수 없게 되어버렸다. 자연에 접할 기회를 가짐으로써 자연의 소중함이나 고마움을 실감할 것이다.

핀란드에서 행해지고 있는 자연과의 접촉법

마법사들이 모험을 하며 여러 가지 사건에 도전해 가는 판타지 이야기는 '상상력'을 이용하여 쓰여지는 것이다.

뉴턴이 사과가 떨어지는 것을 보고 인력의 법칙을 깨달은 것은 '창조력'에 의한 것이다.

어느 쪽이나 훌륭한 능력이지만 그 차이를 단적으로 표현한다면 '창조력'에는 '예리한 기지'가 있다는 점일 것이다. 지금까지 아무도 깨닫지 못했던 아이디어나 법칙을 머리 속에 구축하는 작업이야말로 '창조력'이다.

우리나라는 지금까지 있었던 기존의 것을 개량하거나 응용하는 기술은 세계에서도 최고 수준이다. 그런데 아무것도 없는 상태에서 보다 새로운 것을 창조하는 능력은 많이 부족하다고 말할수 있다.

뉴턴을 비롯하여 세계의 과학자나 문학사들은 '자연 속에서 인간의 창조력은 자란다'고 생각하고 있었다. 또 미국 공군의 레이더 시스템은 밤이 되면 자유롭게 날아다니는 박쥐의 능력을 기본으로 하여 만들어졌다는 이야기는 너무나도 유명하다.

이와 같이 인간의 창조 활동에는 '자연'이라는 것이 큰 역할을 하고 있다.

핀란드에서는 그것을 세계 어느 나라보다 중시하고 어린아이에서 어른까지 핀란드의 자연과 접촉하는 기회를 적극적으로 제공하고 있다.

 북유럽에 위치하는 핀란드의 겨울은 몹시 춥고 아침 8시의 기온이 영하 15도로 내려가는 날이 흔히 있다. 그런데 놀랍게도 그런 추위 속에서 갓 태어난 갓난아이를 유모차에 태운 채 옥외에서 잠깐의 낮잠을 자게 하는 것을 핀란드 정부는 장려하고 있다. 핀란드의 갓난아이는 참으로 기분 좋게 새근새근 낮잠 자는 것이다.

 이것은 북극권 주변의 나라에서 많이 볼 수 있는 아이들의 낮잠 자는 모습인데 어렸을 때부터 기온이 낮은 옥외에서 낮잠을 자게 하고 추위에 견딜 수 있도록 몸을 단련하는 것이 목적이다. 방한 준비를 철저히 하면 감기 같은 것은 걸리는 일도 없다.

 물론 처음에는 5분, 숙달되면 10분이라는 식으로 짧은 시간부터 시작한다. 어떤 일이든 조금씩 천천히 그리고 침착하게 시작하는 것이 핀란드 식이다. 춥기 때문에 소중한 갓난아이를 밖으로 내보내지 않는 것이 아니라 적극적으로 밖으로 데리고 나가서 낮잠까지 자게 하는 행위는 창조적인 생활이라고도 말할 수 있다.

 핀란드에서는 남자아이나 여자아이나 별로 감기 같은

것은 걸리지 않고 건강히 자란다고 한다. 어렸을 때부터 자연의 혹독함에 대응할 수 있는 몸 만들기를 하고 있기 때문임에 틀림없다.

'아무것도 없는 숲'이 창조력을 낳는다

핀란드는 숲과 호수의 나라라고 한다. 그곳에 있는 것은 나무와 생물의 모습뿐이다.

육지의 약 70퍼센트는 숲으로 덮여있고 사계절마다 계절에 따른 숲이 갖가지 색으로 아름다운 변화를 보인다. 가을에는 마른 잎이 지면을 빈틈없이 메우고 겨울에는 나무들이 하얀 눈으로 뒤덮힌다. 봄이 되면 신록이 태양에 빛나고 많은 새와 숲의 생물들이 활동하기 시작한다. 여름에는 숲의 색이 더욱 짙어져 요괴가 나오는 어둠과 요정이 나타나는 신비를 만들어낸다. 각각의 계절에 따라 숲 속으로 들어가는 것이 핀란드인에게는 무엇보다 즐거운 일이다. 숲은 마음을 치유해 주고 창조력을 북돋아주는 장소로서 모든 핀란드인에게 사랑 받고 있는 장소다.

우리의 아이들은 게임기의 영향으로 과대한 가상 체험을 하고 있으며 '진짜'를 만나는 것을 두려워한다. 진짜 벌레나 진짜 등산에는 상당한 저항이 있어서 대부분의 아이들이 싫어한다. 아마도 벌레투성인 숲 속에 들어가는 것은 우리 아이들에게 있어서는 소름끼치는 일일 것이다.

그러나 숲으로 들어가는 것은 몸과 마음에 좋은 영향을 준다. 숲에는 수수께끼가 있기 때문이다.

한밤중의 숲 속을 걷는다. 어디선가 들려오는 올빼미의 굵은 목소리가 울려 퍼진다. 달빛에 눈만이 빛나는 짐승이 가로지른다. 무덤 같은 것은 문제가 되지 않을 정도의 박력과 공포가 교차하는 장소가 바로 숲이다.

천재 만화가 데즈카 오사무(Tezuka Osamu 일본최초 연속 TV애니메이션 '철완 아톰' 제작)는 '나는 숲이나 초원에서 많은 것을 배웠습니다. 거기에는 아무것도 없었습니다. 때문에 나는 거기서 창조력을 발휘하여 여러 가지를 공상했습니다'

라는 말을 했다. 아무것도 없기 때문에 창조력이 단련되었다. 아무것도 없기 때문에 뭔가가 거기서 태어났다. 그런 것이다.

나도 어렸을 때 마을의 숲 깊숙이 들어가 투구벌레나 가재를 많이 잡았다. 곰의 변을 밟은 적도 있었지만 투구벌레와 가재의 매력에 홀려서 곰의 존재 따위는 신경 쓰이지 않았다.

어느 날 저녁, 잠자리채를 가지고 숲으로 들어가는 순간 나무 위에서 무수한 뱀이 떨어져 내렸다. 뱀에게도 놀랬지만 위를 올려다보니 나뭇가지마다 크고 작은 갖가지 뱀들이 몸을 칭칭 휘감고 있는 것을 보고 깜짝 놀란 일이 있다.

우리의 숲과 마찬가지로 핀란드 사람들의 숲에도 여러 가지가 숨어 있다. 창조력을 북돋아주는 장소인 것이다.

핀란드의 사람들은 숲을 사랑하고 있다 .아무것도 없는 숲 속에서 그들은 즐거움을 발견한다. 사진 액자나 화환을 만들기 위해 작은 가지를 모으거나 예쁜 갖가지 색의 잎사귀를 줍거나 잼을 만들기 위해 산딸기를 따거나 요리에 쓸 버섯 채취를 즐기기도 하고 제각기 숲에서의 놀이를 음미한다. 자신이 지금 있는 숲을 빠져나가면 거기에는 무민

(Moomin:핀란드의 여성작가 얀손(Jansson)의 동화에 등장하는 주인공 이름)들이 사는 무민 계곡이 있는 것 같은 착각에 사로잡힌다.

아이와 함께 숲으로 들어가 걸으면서 장래에 대해서 서로 이야기한다. 버섯을 채취하면서 아들의 고민에 귀를 기울인다. 짐승 소리에 두려워하는 딸을 꼭 껴안고 숲에 사는 요정의 이야기를 들려준다. 핀란드의 숲은 부모와 자식의 창조적 커뮤니케이션을 키우는 장소인 것이다.

여기서는 우리의 숲과 같이 쓰레기 같은 것은 어디에도 떨어져 있지 않다. 표지판도 없다. 하물며 느닷없이 콘크리트로 만들어진 건물이나 제방과 같은 것과 맞부딪치는 일도 전혀 없다.

핀란드의 숲에는 아무것도 없다.

거기에 숨겨져 있는 것은 오직 하나 '창조'라는 이름의 에너지뿐이다. 숲이 창조력을 성장시켜 주는 것이다.

핀란드의 대통령은 '무민마마(Mumin mama)'

'핀란드의 아이들은 핀란드 국민 모두가 기른다'
이 말을 한 사람은, 국민으로부터 무민마마(Mumin mama)라고 불리고 있는 핀란드의 첫 여자대통령 타르야 할로넨(Tarja Halonen)이다.

무민은 핀란드인 작가인 토베 얀손(Tove Jansson 1914-2001)이 1944년에 스웨덴어로 된 잡지 (가르무)에서 삽화로서 무민트롤(Mumintrollet)을 등장시킨 것이 그 시작이었다. 1969년에 일본의 텔레비전 애니메이션으로서 등장하자마자 따뜻한 캐릭터 덕분에 인기가 집중되었다. 주인공 무민(Mumin)과 주변 캐릭터들의 매력은 핀란드의 숲과 호수로 둘러싸인 독특한 자연관과 더불어 아이에서 어른까지 모두에게 받아들여졌다.

애니메이션 속에서 약간 엄하게 그리고 큰 애정으로 무

민을 뒷받쳐주는 무민마마는 바로 무민 계곡의 생물 전부의 마마인 것이다. 그녀의 존재는 헤아릴 수 없을 정도로 큰 것이다.

무민마마라고 불리고 있는 할로넨 대통령은 '약한 사람들도 평등하게 생활할 수 있는 나라 만들기를 지향한다'고 단호하게 말하고 있다. 그 발언에 거짓은 없었다.

핀란드에서는 휠체어를 탄 사람들이 들어가지 못하는 장소는 거의 없다. Barrier Free(장벽없는 건축물) 이라는 특별한 말도 없다.

왜냐 하면 휠체어를 탄 사람과 걸을 수 있는 사람들 모두가 기분 좋게 함께 생활할 수 있는 환경은 당연하다고 하는 개념이 국민 한 사람 한 사람에게 정착해 있기 때문이다. 휠체어를 탄 사람들에 대해서 특별히 뭔가를 해야 할 필요가 없는 것이다.

'휠체어를 탄 사람이 지나갈지도 모르니까 슬로프(slope)를 만들자'라는 생각에서 공사에 들어가는 것이 아니라 설계도에는 처음부터 넓고 아름다운 슬로프가 그려져 있다. 그것은 당연한 것이기 때문에 일부러 '휠체어를 탄 사람들이……'라는 등 말을 꺼내는 사람도 없다.

아이들은 국민이라는 테두리 안에서는 약한 존재의 위치에 있다. 때문에 핀란드는 아이들에 대해 마음 쓰는 것도 상당하다. 우선 대학을 졸업할 때까지의 수업료는 전부 국가가 부담한다. 그 동안에 드는 학용품(연필, 노트, 지우개, 자 등), 급식비 등도 전부 국가가 부담하고 있다.

이런 철저한 시책은 갓난아이를 낳을 때부터 시작되고 있다. 검진은 무료, 출산 축하로 200~300만원의 현금 지급과 분말우유, 종이 기저귀, 젖병 등의 선물도 준비되어 있다. 핀란드에서는 아이를 낳거나 기르거나 하는데 거의 돈이 들지 않는다.

그들과는 대조적으로 우리는 아이를 낳거나 기르거나 하는데 돈이 너무 든다. 그 때문에 '아이는 갖고 싶지만 지금의 수입으로는 아무리 생각해도 무리다' 라는 생각을 가진 젊은 부부가 격증하고 있다.

핀란드도 다른 나라들과 마찬가지로 고령화의 문제가 있다. 그러나 할로넨 대통령은 태어나는 아이들의 인원수가 고령의 사람들보다 훨씬 웃돌면 나라는 안정된다고 생각했다. 한 사람의 노인을 젊은이가 2~3명이 뒤받쳐주면 어떻게든 나라는 성립된다. 그 표적은 서서히 결실을 맺기 시작하고 있으며 아이의 수는 증가 경향에 있다.

무민마마인 타르야 대통령의 국민 지지율은 놀랍게도 80퍼센트에 달한다.

좋은 것을 생활에 받아들이는 유연성

핀란드 사람은 좋은 것은 자신들 생활에 받아들이는 것을 좋아한다.

예를 들면 핀란드도 다른 미국이나 유럽과 마찬가지로 옛날에는 실내에서도 구두를 신은 채 생활하고 있었다. 그런데 한국이나 일본이 현관에서 신발을 벗고 실내에서는 슬리퍼나 실내화로 갈아 신고 생활하고 있다는 것을 알고는 재빨리 그 습관을 받아들여 현재의 핀란드에서는 거의 모든 가정이 신발을 갈아 신는 습관을 갖게 되었다.

"실내화로 갈아 신는 것은 처음에는 귀찮아서 저항이 있었지만 곧 익숙해졌다. 게다가 바깥의 더러운 것을 방안으로 들이지 않아도 되니까 위생적이다. 아내도 청소하는 횟수가 줄기 때문에 큰 도움이라고 말하며 기뻐하고 있다. 흙은 숲 속에서는 어울리지만 집 안에서는 더러운 것으로 밖에 비치지 않는 것이다. 구두를 벗고 부드러운 실내화로 갈아 신음으로써 마음의 긴장이 풀리고, '아, 집으로 돌아왔구나' 하고 생각한다. 이제 방안에서 구두를 신는 습관으로는 되돌아갈 수 없다."

이 말은 핀란드인의 전형적인 실내화에 대한 감상이다.

핀란드 국민은 위생 면이나 환경 면에 대해서 매우 민감하다. 당연히 음식에 대해서도 민감하다. 놀라운 것은 핀란드의 국토는 70퍼센트가 호수임에도 불구하고 국내 곡물 자급률은 114퍼센트에 달하고 있다. 일본과 한국은 국토의 대부분을 유효하게 이용할 수 있지만 곡물 자급률은 각각 28, 27퍼센트 정도 밖에 되지 않는다.

핀란드에서는 '자신들이 먹는 것은 자신들이 만든다'라는 자세가 행동으로 되어 나타나고 있다. 농약의 규제도 엄격해서 거의 농약을 사용하지 않고 곡물 생산을 하고 있다. 북쪽 한계의 혹심한 자연 환경 속에서 핀란드 국민은 전원이 하나가 되어 생활을 계속하고 있는 것이다.

  실내화로 바꿔 신는 습관의 유리한 점을 알아보고 흉내 냈지만 온갖 식료품을 수입한다는 우리내 식료품 시스템에는 거들떠보지도 않는다. 핀란드인은 많은 정보 속에서 자국에 도움이 되는 것들만 걸러서 거기에 남은 것을 다시 차분히 검토하는 것이다.

  이렇듯 핀란드라는 나라는 생활환경을 보다 좋은 방향으로 조절해 가는 힘을 가지고 있다. 우리도 옛날에는 핀란드와 마찬가지로 외국 문화의 좋은 면을 받아들이는 능력에 뛰어났었는데 요즘에 와서는 그 능력이 극단적으로 저하되고 말았다. 지금으로서는 핀란드에게 본받을 점이 더 많이 있는 것은 아닐까.

*자연에게 감사하고
신에게 감사하며
사람들에게 감사한다*

　한국과 일본은 수입 대국이기도 하며 자국에서 야채나 쌀이 거의 1년 내내 수확되기 때문에 슈퍼에 가면 연중 다양한 식료품이 팔리고 있다.

　그런데 핀란드는 애국심과 자존심이 강하기 때문에 수입은 별로 하지 않고 자국에서 생산한 먹을 것을 요리해서 먹고 싶다는 사람이 많다. 그 때문에 겨울이면 가게에서 팔 수 있는 식료품이 극단적으로 감소되고 통조림이나 건조식품이 많아지는 경향이 있다.

　그러나 사람들은 여름이나 가을 사이에 숲에서 따온 작은 과실이나 버섯등의 보존식품들을 집에 듬뿍 비축하고 있기 때문에 그것을 매일 요리하거나 디저트로서 먹고 있다. 우리와 비교하면 그 종류는 적지만 그들은 음식을 입에 넣을 수 있는 것만으로도 감사하는 마음으로 가슴이 벅차고 그 이상의 것은 요구하지 않는다.

핀란드의 부친은 '오늘 밤, 아이들에게 먹일 것은 있나?'라는 말을 자주 한다. 갑작스럽게 눈보라가 휘몰아치는 바람에 시내까지 물건을 사러 가지 못하게 된 경우에 나오는 말이다.

식사하기 전에 감사하고 식사하고 있을 때도 감사하며 식사가 끝났으면 다시 감사한다. 이런 습관 때문에 보통 식사시간에는 약간 말수가 적지만 차나 디저트를 먹는 시간이 되면 모두가 잘 떠든다. 커피나 홍차, 주스를 마시면서 수다가 많아진다. 핀란드 사람은 낯을 많이 가리는 사람이 많기 때문에 다른나라사람이 갑자기 방문해도 바로 마음을 터놓지 않고 좀처럼 이야기를 하려고 하지 않는다. 친해지면 말을 잘 하게 되지만 약간 시간이 걸리는 것이 보통이다. 하지만 우리도 몸집이 큰 핀란드인이 갑자기 눈앞에 나타나면 역시 별로 말하지 않을 것이다.

어느 쪽이나 부끄럽긴 마찮가지인 것이다.

샐러리맨이 별장을 가지고 있다

흔히, 별장이라고 하면 부자의 사회적 지위와 같은 느낌을 받지만 핀란드에서는 사회인의 약 70퍼센트나 되는 사람이 별장을 가지고 있다. 물론 값은 가장 비싼 것부터 가장 싼 것까지 있다. 땅은 만~2만 평 정도에 약 2000만원. 거기에 자라고 있는 나무를 사용하여 자신이 오두막을 세우면 그 외의 비용은 거의 들지 않는다. 한편 부동산에서 파는 호수가에 세워진 고급 별장 중에는 10억원 이상 나가는 것도 있다.

샐러리맨들이 가지고 있는 별장은 싼 땅을 사서 통나무로 직접 만든 오두막 타입의 것이 대부분이다.

우리가 집을 사는 경우 역이나 슈퍼에서 가깝고 옆에 이미 다른 사람의 별장이나 민가가 있는 물건을 고르는 경향이 있는 것 같은데 핀란드인의 대부분은 도시에서 떨어져 있고 이웃의 별장까지의 거리가 멀면 멀수록 그 물건에 인기가 있다.

평일에는 시내에서 일하고 주말은 별장에서 지내는 라이프 스타일은 핀란드인으로서 당연한 것이다. 자택에서 별장까지의 이동시간은 대체로 1시간 정도이고 그 별장 안에는 전기가 들어오지 않은 곳도 많이 있다. 도시적인 생활에서 떠나서 가족이나 부부, 친구끼리 지내는 것이 목적이기 때문에 현대적인 것은 필요 없는 것이다.

핀란드에서는 별장을 가지고 있는 것은 당연한 것이며 사회적 지위가 아니다. 별장을 가지고 있지 않은 사람을 만나면 '왜 한 채밖에 집을 갖고 있지 않는 거야?' 하고 반대로 질문해 올 정도로 일반적인 라이프 스타일 속에 별장이라는 것이 자연스럽게 차지하고 있다.

새들이 지저귀는 소리를 들으며 모닥불을 피워놓고 호수에서 카누를 타고 낚시를 즐기고 숲 속을 산책한다. 이렇듯 며칠 동안 지내면서 마음을 재충전 한다.

부모나 아이들의 마음이 정리되고 나면 월요일부터 다시 직장이나 공부에 적극적으로 도전할 수 있다. 사람은 나무에 둘러싸여 지내면 불가사의할 정도로 마음이 치유된다. 숲 속, 통나무를 엮어 만든 집 속, 핀란드인은 나무에 접하는 시간을 될 수 있는 한 많이 가지려고 노력하고 있다. 그러면 가족 전원에게 삶의 활력이 북돋아지게 된다.

갓난아기에게 코 호흡을 유도

　소리내서 이야기하는 것은 의사를 전달하기 위한 제일 간단한 방법이다.

　그런데 최근에는 혀가 잘 돌지 않아 말이 분명치 않다거나 발음이 정확하지 못하거나 하는 사람이 증가하고 있다고 한다. 그 원인에는 여러 가지를 생각할 수 있는데 그 중 하나로 입 호흡을 들 수 있다. 코로 호흡하는 것은 인간의 호흡법의 기본이다. 코로 호흡함으로써 뇌를 신선한 공기로 식힐 수 있다. 더구나 몸 속에 침입하려고 하는 바이러스를 코의 점막에서 방지하는 기능을 가지고 있다. 겨울에는 차가운 공기를 코로 통하게 함으로써 일단 따뜻하게 하고 심장 등에 급격한 온도 차이의 영향이 나오는 것을 최소한으로 저지하는 역할도 한다.

모든 포유류가 코로 호흡하고 있는 사실을 생각하면 입으로 호흡하는 것 자체가 이상한 것이다.

입 호흡을 계속하면 어떻게 되는 지 약간만 설명해 두자. 입을 벌려서 공기를 들이쉬면 당연히 입안과 목구멍이 건조해진다. 그러면 입의 타액이 줄어들어 잇몸병 등, 입안의 병에 걸리는 확률이 높아진다. 당연히 편도선염에도 걸리기 쉽다.

핀란드에서는 자연히 코 호흡을 시키기 위해서 갓난아이에게 코 호흡 훈련 기구를 착용시키고 있다. 코 호흡 훈련 기구 등으로 표현하면 약간 과장된 것 같지만 이른바 '공갈 젖꼭지 장난감(노리개 젖꼭지)' 이다. 우리도 이 장난감으로 빨리게 하고 있는 부모는 가끔 눈에 띄지만 부끄러움 때문에 곧 그만두고 만다. 그러나 2~3세 정도까지 장난감을 빨고 있으면 코 호흡의 사용률이 각별히 높아지기 때문에 핀란드에서는 이 장난감을 착용하게 하고 있는 경우가 많다.

이와 같이 핀란드에서는 코 호흡을 하지 않으면 몸에 어떤 해가 미친다는 개념이 일반화되어 있다.

코로 쉬는 호흡에 의해 뇌가 식혀져서 활성화된다.

코로 호흡하지 않는 한 언어적인 사고력은 둔해진다고 생각할 수 있다. 언어를 지배하는 뇌 부문이 따뜻해지면 곧 과열되어 순수한 사고를 할 수 없게 된다.

자동차의 엔진과 마찬가지로 뇌는 따뜻하게 해서는 안 될 부분이다.

핀란드는 자일리톨(크실리톨xylitol)의 개발에서도 세계적으로 유명하지만 자일리톨을 배합해서 만든 빠는 장난감도 있다.

갓난아이가 마시는 모유나 밀크는 당분이 함유되어 있기 때문에 새로 나온 이가 곧 충치가 되어버리는 경우도 흔히 있다. 대부분의 갓난아이는 치약을 싫어하기 때문에 부모도 엄격하게 이 닦기를 별로 시키지 않고 방치해 버리는 경우가 많다. 그 결과 충치 균이 입안에서 번식해 버리는 것이다.

그래서 핀란드의 갓난아이 제품을 취급하는 회사는 입안을 언제라도 청결히 유지하기 위해 빨리는 장난감 소재에 자일리톨을 배합한 것이다. 이로 인해 갓난아이의 충치는 격감되었다고 한다.

무슨 일이든 적극적으로 즐겁게 산다

겨울의 혹독한 추위가 오래 계속되는 핀란드에서는 가만히 집 안에 틀어박혀서 겨울을 지내는 일은 하지 않는다. 겨울에는 그에 맞는 여러 가지 즐기는 방법을 자신들이 찾고 그것을 실행에 옮기는 것이다. 핀란드의 짧은 여름 동안 윈드서핑을 즐기는 젊은이는 많다.

그런데 그 시기가 너무 짧기 때문에 윈드서핑을 좋아하는 젊은이가 어느 날 터무니없는 것을 고안했다. 윈드서핑의 돛 부분만 떼어내서 스노보드에 부착시키는 것이다. 그 묘한 기구는 바람의 힘을 빌어서 오르막 경사면에서도 쉽게 올라간다. 점프도 훨씬 멀리 날 수 있어서 공중에 떠 있는 시간도 길다. 마치 하늘을 날고 있는 것 같다는 평판이 나면서 지금은 핀란드의 도처에서 그 모습을 볼 수 있다. 더구나 다른 젊은이는 벌룬 스키(balloon ski)라는 묘한 발상에 의거한 놀이를 발명했다. 지름 2미터 정도의 낙하산(parachute)과 같은 것에 이음줄(lead)를 부착하여 스키나 스노보드를 즐긴다는 것이다.

리드는 손으로 잡고 바람 방향을 느끼며 컨트롤한다. 이것 또한 비탈길을 손쉽게 올라간다. 이 벌룬 스키의 좋은 점은 오를 만큼 올랐으면 등에 짊어지고 있는 배낭에 벌룬을 접어서 넣고 단숨에 스키로 미끄러져 내려갈 수 있는 점이라고 한다. 사고방식도 독특하지만 대단히 합리적인 스포츠인것 같다.

이런 이야기도 있다. 핀란드의 젊은이가 텔레비전에서 미국 록 밴드의 콘서트 모습을 보고 '나도 저런 식으로 기타를 칠 수 있었으면' 하고 부모에게 '일렉트릭 기타를 사 달라고 졸라보았다고 한다.

그런데 부모는 '그런 건 음악이 아냐. 절대로 안 된다' 하고 젊은이의 부탁을 일축했다. 그래서 젊은이는 부모에게 들키지 않도록 일렉트릭 기타를 손에 넣고 소리를 내지 않고 연주 연습을 시작했다.

그리고 그가 기타 없이 연주하는 모습을 본 학교 친구는 '크레이지(crazy)' 하고 큰 소리로 웃었다고 한다. 그렇다, 이것이 에어 기타(Air Guitar)의 탄생이다. 지금은 세계 대회에서도 개최될 정도로 인기가 있다.

최근에는 보다 멀리까지 휴대전화를 던진 사람이 챔피언이 되는 '휴대 전화 날리기'라는 경기가 발명되었다.

물론 내던지는 휴대전화는 노키아(Nokia)다.

냅다 던져진 휴대전화는 꽁꽁 얼어붙은 빙상에 착지한 순간에 부서진다. 멋지게 부서지지 않고 빙상을 미끄러져 그대로 활주한 휴대전화가 나타나면 구경꾼들이 일제히 '와' 하는 환성이 올라간다. 그야말로 괴짜들이다.

이처럼 즐거움은 스스로 찾아내는 것이다.

벌레가 진짜 자연을 키우고 있다

우리 아이들이 벌레를 싫어하고 있는 것은 아닐까.

'너무 싫어, 벌레 같은 거 소름이 끼쳐'

이러한 경향은 어른에게도 볼 수 있다. 바퀴벌레를 필두로 모기나 파리, 모충, 유충등은 싫어하는 벌레의 대표격인데 그 벌레들은 눈에 비치는 모습이 징그러워 거부되는 대상이 되고 있는 것이다. 그러나 사실 바퀴벌레는 일반적으로 생각하고 있는 것처럼 세균투성이만은 아니다. 오히려 청결한 몸을 하고 있다. 모기도 피를 빨아먹지만 독을 가지고 있는 것은 거의 없다. 유충에도 아무런 해가 없다.

핀란드에서는 개미나 유충은 매우 인기가 있다. 여자아이에게 특히 인기가 있는 것이 유충이다. 우리의 여자아이들에게는 생각할 수 없을지 모르지만 핀란드의 여자아이들은 모두 유충을 귀엽다고 한다

학교나 가정에서 '인간에게 정말로 해가 있는 곤충은 무엇인가' 라는 것에 대해서 철저하게 이야기를 주고받기 때문이다.

자연계에 있어서 아무런 역할도 갖지 않은 생물 같은 것은 없다. 따라서 눈에 비치는 것이 기괴한 작은 곤충들도 저마다의 어떤 역할을 가지고 이 지구에 생식하고 있는 것이다. 그러므로 인간만이 기분 나쁘다고 느끼거나 해가 있다고 주관적으로 생각하고 있을 뿐이다.

'자연이 넘치고 있다는 것은 벌레투성이라는 거야'

핀란드의 여성은 당연한 것처럼 그렇게 말한다.

'벌레는 싫지만 자연의 아름다움을 체험하고 싶다' 라고 생각하는 것은 잘못된 생각이다.

1980년대까지 핀란드에도 농약의 규제가 없어서 야채나 과일을 만들기 위해 농약을 사용하고 있었다. 그런데 알레르기가 있는 아이들이 증가 경향에 있고 새들의 수가 현저하게 감소하고 있었기 때문에 농약 사용에 대한 규제를 강화했다.

농약으로 벌레를 잡으면 최초의 10~20년은 수확량이 상승하지만 조만간 수확량은 감소된다는 것도 알았다. 토지가 농약을 흡수하여 토지에 원래 있었던 미생물까지 없어져 버리는 탓이다. 그렇게 되면 두 번 다시 좋은 토지로는 돌아 갈수 없다.

농약을 거의 사용하지 않게 되고 나서 벌레가 늘고 그 벌레를 먹음으로써 새들의 수도 늘었다. 새들이 많아지고 벌레를 먹어주는 덕분에 농약을 살포할 필요도 없어졌다고 한다. 물론 새의 증가에 반비례하듯이 알레르기가 있는 아이들의 수도 감소하고 있다.

실은 핀란드에서도 자연 그대로의 사람 손이 닿지 않은 숲은 어디에도 없다. 모든 숲은 사람 손이 가서 관리되고 있는 것이다. 숲도 관리하지 않으면 언젠가는 쓸모 없게 되어 버린다. 수목의 벌채와 식수의 균형을 잘 맞추어 핀란드의 자연은 유지되고 있다.

인간도 자연 속 생물 중의 일부에 불과하다.

아이는 말할 것도 없다. 다만 내버려두는 것만으로는 언젠가는 쓸모 없게 되어버릴 것이고 너무 손질을 많이 해도 아름다운 숲처럼 자라지 않을 것이다.

아이들을 기르는데 있어서 핀란드의 숲을 관리하는 기술에서도 배울 점이 있는 것 같다.

제 2 장

우리들의 교육

학원이 없는 핀란드의 학력이 어떻게 세계 최고가 되었는가

편해지고 싶어하는 교육자의 테크닉

지금부터 기술하는 내용에 대해 마음 짚이는 것이 있는 독자도 많을 것이라 생각한다.

옛날부터 학교나 학원 수업에서 마구 프린트를 배부하거나 테스트를 하거나 하는 선생이 있지 않았는가. '오늘은 여러분의 실력을 시험하기 위한 테스트다' 하고는 느닷없이 예고 없는 테스트를 실시하는 선생도 있었다.

그것은 모두 교사의 곁날림인 것이다.

예고 없는 테스트를 한 교사는 아마도 전 날 늦게까지 술을 과음하여 곤드레만드레 숙취 했었음에 틀림없다. 교사는 허둥지둥 작년에 사용한 테스트를 학생 수만큼 프린트해서 그것을 안고 교실로 뛰어들어온 것이다. 틈을 보이면 뭔가 낌새를 알아채기 때문에 우선 박력 있게 '오늘은 예고 없는 테스트를 실시한다!' 하고 고함 지르듯이 말하는 것이 효과적이다. 오랫동안 근무해 온 베테랑 교사일수록 이 수법을 많이 사용한다.

그리고 더구나 이런 교사들은 테스트가 끝나면 그 자리에서 옆자리 학생과 답안지를 교환하게 하고 ○×를 매기게 한다. 그것으로 그 수업은 종료하는 것이다. 이렇게 편한 수업은 없다. 몸 컨디션이 나쁠 때도 이 수법을 사용하는 교사는 많다. 어쩔 도리가 없다고 하겠지만, 내가 보기엔 태만으로 밖에 보이지 않는다.

테스트 이외에도 교사가 편해질 기법은 여러 가지가 있다. 국어수업 시간에 교과서를 한 사람씩 읽힌다는 것도 그 중 하나다. 자리에서 일어서게 하여 차례로 교과서를 낭독시킨다. 마음이 여린 학생은 자신의 차례가 돌아오는 것만으로 가슴이 두근거려서 이것이 교사가 편해지려는 수법이라는 것은 알아채지 못한다. 학생이 교과서를 읽어도 잘 읽을 리 없으니 본래 교사가 본보기를 보여주는 의미에서 올바른 발음으로 문장을 읽어주거나 따라 읽게 하는 것이 도리이다.

'수업'이라는 말의 의미는 '학문(業)'을 '주다, 받다(授)'라는 의미를 가지고 있다. 학교나 학원의 수업은 그 교과에 있어서의 중요한 내용을 학생에게 정확히 전달하는 것이 본래의 목적이어야 한다. 수업이 끝났을 때 '오늘은 많은 학문의 가르침을 받았다' 하고 수업을 받은 모든 학생들이 생각할수 있도록 교사는 지도해야 한다.

과연 우리의 교사들은 도대체 몇 사람이나 매일 그와 같은 수업을 전개하고 있을까.

핀란드의 교사들은 자신을 학습지도의 전문가이며 프로라고 자부하고 있다. 그리고 고교에서는 보습수업이 있는데 보습에는 전문 교사가 학교에 와서 학생을 지도한다. 보습 교사들은 '우리들은 통상적인 수업을 하고 있는 교사보다 실력이 뛰어나다. 그렇지 않고서는 보습 전문 교사의 의미가 없지 않은가' 하고 자신 만만하게 말한다.

낭비를 싫어하는 기질이 교육에도 반영

아이를 학원에 다니게 함으로써 안심하고 있는 부모도 많은데 잘 생각해 보기 바란다. 학원을 왕복하는 시간에는 아이들의 대부분이 공부하고 있지 않을 것이다. 학원에 가 있다 해도 수업 중에 테스트나 문제를 풀게 하는 경우가 많고 그것을 하고 있는 동안은 아이들로서는 아무것도 공부하고 있지 않은 시간이라고 말할 수 있다.

'우리 아이는 학원에 다니고 있는데도 도무지 학력이 오르지 않아요' 하고 고민하고 있는 어머니가 있는데 내가 보건대 당연한 것이다. 대부분의 학원에서는 실질적으로 아이들에게 뭔가를 가르치는 시간이 매우 짧기 때문이다.

만약 그 짧은 시간에 집중력이 결여되어 있었다면 그 날은 아무런 성과도 얻을 수 없었다는 셈이 된다. 그렇다면 우수한 지도자가 있는 학교에서 내용이 충실한 지도를 받는 것이 훨씬 좋다는 것은 기정 사실이다.

핀란드의 아이들이 세계적으로 우수한 이유는 어른들의 낭비를 절약하는 능력이 뛰어나다는 것도 한 원인이 있다고 생각할 수 있다.

우리 가정에서는 정말로 많은 쓰레기가 나온다. 도시에서는 쓰레기 모으는 자리에 거의 매일 같이 많은 쓰레기봉투가 쌓여 있다. 맨션과 같은 공동주택에서는 더욱 놀라울 정도의 쓰레기 양이 나온다.

보통 도시에서 나오는 쓰레기는 한 사람 당 연평균 1400킬로그램인데 핀란드의 수도 헬싱키에서는 불과 200킬로그램으로 우리의 7분의1의 양이다.

쓰레기의 양이 다른 이유는 핀란드인은 낭비를 싫어하기 때문이다.

슈퍼에서 물건을 사면 알 수 있는데 핀란드의 슈퍼에서 팔고 있는 야채는 모두 랩에 싸여 있지 않다. 값이 적힌 조그만 가격표가 야채에 직접 붙여져 있다. 고기와 생선은 전용 백을 자신이 준비하여 달아서 팔고 있는 것을 사는 시스템이다.

게다가 모두 쇼핑백이나 상자를 지참하고 있기 때문에

쓰레기가 나온다면 야채에 붙여져 있는 가격표와 계산대에서 받는 영수증 뿐이다. 핀란드에서도 플라스틱그릇이 사용되고 있는데 유리로 착각할 정도로 두껍고 무게가 있다. 50회 이상 재사용하고 나면, 부서서 도로 공사의 포장재로서 사용한다고 한다.

아이의 노력이 성과로서 나타나는 구조를 만들자

 당신의 자녀는 빛나고 있는가? 이런 질문을 받으면 당황할까. 아니면 '빛나고 있다' 고 즉석에서 대답할 수 있을까.
 핀란드의 아이들은 빛나고 있다. 그 눈동자도 반짝반짝 빛나고 있는데 얼굴이나 몸 전체에서 밝은 빛이 솟아나고 있다. 아이들은 자신의 능력을 발휘하여 신장하고 있을 때 눈을 반짝인다. 요컨대 자신이 보람이 있는 일에 직면하고

있을 때는 전력을 다해서 돌진하는 습성을 가지고 있는 것이 아이들이다.

 핀란드에서는 이런 아이들의 습성을 잘 이해하고 있어서, 아이들이 자발적으로 학습에 도전하도록 학습 프로그램을 짜고 있다.

 아이에게 이것저것 주어버리면 빛을 잃어버린다.

 이것은 핀란드에서는 정설로 되어 있다. 사람은 원하는 것을 손에 넣기 위해 노력하는 생물이다. 어렸을 때는 더욱 그것이 강하게 나타난다.

 아버지가 세차를 아이에게 부탁하고 세차가 끝나면 2유로(약 3500원)를 그 대가로서 준다. 아이는 그것을 반복하면서 6개월 동안 사고 싶었던 장난감의 금액을 저축한다. 6개월에 걸쳐 꾸준히 저축한 돈으로 산 장난감을 손에 넣었을 때의 그 아이의 웃음 띤 얼굴은 각별하게 될 것이다.

 그렇게 하여 핀란드에서는 노력을 계속함으로써 성공을 이룰 수 있다는 생활태도의 개념을 아이들에게 몸소 가르친다.

 사람은 희망을 잃어버렸을 때 마음의 빛도 함께 잃어버리고 만다.

감사하는 마음이 아이를 풍족하게 한다

우리의 초등학교에 해당되는 핀란드의 학급에서는 한 클래스에 20명 정도의 아이들이 학교 생활을 보내고 있다. 휴식 시간이 되면 우리의 아이들과 마찬가지로 교정으로 뛰어나가 논다. 공을 가지고 놀기도 하고 술래잡기도 하고 그 모습은 우리나라 초등학교의 것과 다를 것이 없다고 생각된다. 그런데 단 한 가지 다른 것이 있다. 핀란드의 학교에서는 형제도 자매도 없는 6세의 아이와 12세의 아이가 함께 의좋게 놀고 있는 것이다. 나이 차이가 있어도 의가 좋은 것이다.

우리나라 아이들은 오히려 같은 학년의 아이 외에는 놀지 않는 경향이 있다. 연령의 차이가 나는 아이들끼리 놀거나 작업하거나 공부하거나 하는 것이 핀란드 식이다. 우리나라에서도 옛날에는 이른바 골목대장이 어린 아이들을 모아서 놀곤 했었다.

　골목대장은 결코 난폭하기만 한 것이 아니라 연하의 아이를 지키는 정의감에 넘쳐 놀이를 가르쳐 주기도 하고 약한 아이들을 지켜 주었다.

　핀란드에는 그런 골목대장같은 아이가 있다. 어린 아이가 넘어지면 곧장 달려가서 '괜찮아?' 하고 손을 내민다. 핀란드의 골목대장은 공부 잘하는 아이도 많기 때문에 어린 아이에게 공부도 가르친다.

　그리고 도움을 받은 어린 아이는 진심으로 웃음 띤 얼굴로 '키토스(고마워요)' 라고 말한다. 도움 받은 쪽도 웃음 띤 얼굴, 도운 쪽도 웃음 띤 얼굴이 된다.

　핀란드의 한 교사는 다음과 같이 말한다.

　"아이들은 모두 가족입니다. 공부보다 중요한 것은 가족의 유대입니다. 우리 지도자는 아이들에게 서로 돕는 기쁨을 가지고 살아가길 바라고 있습니다. 그리고 항상 감사하는 마음을 가지고 살아갑니다. 그것은 매우 중요한 것입니다. 사람들에게 감사합니다 라는 말을 하고 그 횟수가 쌓임으로써 그 아이의 마음이 보다 더 풍족해집니다."

공부는 하루 24시간 할 수 있다

핀란드에도 우리나라와 마찬가지로 사계절이 있다.

우리나라만큼 사계절이 분명한 나라는 세계에 없지만 근년에는 온난화의 영향인지 사계절에 대한 계절감이 희박해졌는지 사계절에 대한 감상은 옛날만큼은 없는 것처럼 느껴진다.

'루스카(Ruska)' 란 우리나라말로 단풍을 의미하는 핀란드어다. 사계절 중에서도 핀란드의 가을은 대단히 아름답다. 호수에 단풍이 비치고 딸기 열매들이 가지가 휘어질 정도로 열리는 계절이 핀란드의 가을이다.

루스카의 시절, 사람들은 자주 숲으로 들어간다. 자연의 혜택을 몸과 마음에 듬뿍 흡수하기 위해서다. 배낭에 커피포트와 커피 콩, 컵, 쿠키, 비스킷 등을 가득 채우고 나간다. 핀란드의 사람들은 숲 속이나 호숫가에서 모닥불을 피우는 운치를 알고 있다. 침낭에 들어가 낮잠 자는 흐뭇한 기분도 알고 있다. 숲 속에서 지내는 사람들은 언제부터인가 자신의 생활태도나 고민을 이야기하기 시작한다. 손윗사람은 그 이야기에 귀를 기울이고 적절한 조언을 한다. 숲은 인생을 공부하는 마당이기도 한 것이다.

핀란드의 부모들은 '공부는 굳이 책상에서 하는 것만이 전부가 아니다. 걸으면서, 차를 마시면서, 놀면서 얼마든지 공부는 할 수 있다'고 말한다.

한편, 우리의 아이들은 의자에 앉아서 책상에 매일 2시간 마주앉음으로써 '오늘도 공부했다'라고 만족한다. 그런데 사고방식을 반대로 하면 매일 단 2시간밖에 공부하지 않는다고도 말할 수 있다. 텔레비전을 보고 있을 때도 걷고 있을 때도 빈둥빈둥 뒹굴고 있을 때도 공부는 할 수 있다. 조금씩 공부하는 습관을 들여서 그것을 합한 시간은 2시간을 훨씬 넘은 시간이 된다.

단언하건대 우리 아이들의 대부분은 학원에서 공부하고 있는 시간보다 학원에 다니는 왕복 시간이 더 길다. '우리 아이는 학원을 왕복하는데 약 1시간이고 학원에서는 2시간을 수업 받고 있을 겁니다'라고 반박하는 어머니도 있을 것이다. 그 어머니는 학원의 실태를 잘 모른다. 학원에서 2시간의 수업이 있었다고 하면 그 절반 정도가 테스트이거나, 선생의 쓸데없는 이야기 등으로 허비하게 되는 것이 보통이다.

요컨대 진지하게 하고 있는 수업 내용이 2시간 수업이면 진짜 도움이 되는 수업은 1시간 정도밖에 없다. 더구나 대부분의 학원이 경비 절약을 위해 대학생 아르바이트 강사를 수업에 투입시키고 있다. 그 대부분이 20세 전후의 젊은 이들이다. 이런 경험이 적은 강사가 나머지 1시간 동안에 내용이 충실한 지도를 할 수 있을지 큰 의문이 남는다.

그렇게 생각하면 학원의 2시간 수업이라는 것은 실제로 30분 정도의 수업이 아니겠는가 하고 사료된다. 그럴 거라면 내용이 충실한 자율학습을 집에서 2시간 하는 것이 좋다. 핀란드에서는 이것을 학교와 부모가 도와 주고 있는 것이다.

테스트를 위한 공부를 하지 않는다

　우리나라 교육의 기본은 '암기'다. 요컨대 보다 많은 지식을 흡수하는 것을 기본으로 한 학습법이다. 중학교의 기말 테스트를 보더라도 확실히 알 수 있듯이 그 테스트의 내용은 교과서나 노트를 그대로 암기하고 있으면 만점에 가까운 점수를 받을 수 있게 되어 있다.

　지식을 많이 기억하면 테스트에서 좋은 점수를 얻을 수 있다. 테스트에서 좋은 점수를 얻기 위해서는 보다 많은 지식을 기억할 필요가 있다. 그것의 반복이 '기억한 지식 외에는 상식조차 판단하지 못하는 사람'을 대량생산 해 온 것이다. 학교 테스트도 '수업을 잘 이해하고 깊게 생각하지 않으면 이 테스트는 할 수 없다'라고 생각할수 있는 내용의 것이라면 자연히 학생도 사고력을 단련하기 위한 학습을 하여 테스트에 임하게 될 것이다.

그런데 현재의 대부분의 학교 테스트에서 학생들은 '저렇게 한쪽 구석에 있던 섬세한 내용을 출제했군, 좀더 폭넓게 암기해야겠다'와 같은 생각을 갖는 사람이 되어 있다. 지금의 학교 테스트가 찬합 구석을 들쑤시는 것처럼 얼마나 섬세한 지식을 요구하고 있는지를 알 수 있다. 그런 테스트밖에 없으니 '기억한 지식 외에는 상식조차 판단하지 못하는 사람'이 끊이지 않는것이다.

그렇다면 자신의 아이를 기억한 지식 외에는 상식조차 판단하지 못하는 사람으로 만들지 않기 위해서는 도대체 어떻게 하면 되겠는가. 그것은 테스트 때문에 공부를 한다는 버릇을 없애는 것이다. 예를 들면 6월5일부터 테스트가 시작되기 때문에 2주일 전부터 계획을 세워서 공부한다는 아이들은 많다. 이 방법으로 공부를 하고 있는 아이들은 장래에 반드시 큰 어려움을 겪게 될 것이다.

잘 생각해 보기 바란다. 테스트 2주일 전부터 본격적으로 공부를 시작한다는 것은 반대로 말하면 테스트를 위해 2주일밖에 진지하게 공부를 하지 않는다는 셈이 된다. 단 2주일에 무엇을 할 수 있다는 말인가. 그 2주일 동안 학교에 전혀 가지 않고 아침부터 밤까지 오로지 공부만 한다면 이

해가 가기도 하겠지만 가지만 학교에 갔다가 집으로 돌아오면 우선 친구와 메신저를 하고 밥 먹고 목욕하고 그리고 나머지 몇 시간에 테스트를 위한 공부를 한다. 누가 생각해도 무리한 이야기다.

테스트가 있든 없든 매일 꾸준히 공부를 계속한다. 그리고 지식을 익히는 것과 동시에 인터넷이라도 상관없으니 그 지식에 대해서 보다 깊게 파고들어 조사하고 자기 나름의 생각을 짜내는 것이다.

공부하는 장소도 한정해서는 안 된다. 소파에서 뒹굴고 있을 때도 걷고 있을 때도 지하철을 타고 있을 때도 생각하는 것은 언제라도 머리 속에서 할 수 있다. 계속 생각하는 습관을 들이면 결국 잠자고 있는 꿈속에서도 여러 가지 문제에 대해 생각할 수 있게 된다.

수학자에게 많이 나타나는 현상중에 '아침에 일어나니 문제가 풀려 있었다' 라는 기적적인 일이 있다. 그러나 그것은 꼭 기적이라고 하는 과장된 것이 아니라 그 수학자가 항상 생각하고 있었기 때문에 잠자고 있는 동안에도 뇌가 고민하던 것을 계속 생각한 결과 아침에 일어났을 때 자연히 문제의 답으로 인도해 준 것이다.

'기억한 지식 외에는 상식조차 판단하지 못하는 사람'이 되지 않도록 항상 생각하는 버릇을 아이에게 익히도록 하자.

단념하지 말고 '생각하는 것'을 계속하면 당신의 뇌는 틀림없이 활발하게 움직일 것이다. '지식력'과 '사고력' 양쪽의 균형을 맞추어 익히게 함으로써 아이의 뇌는 무한한 힘을 발휘하기 시작하는 것이다.

도시일수록 줄고 있는 가족의 대화

학교 교육에 대해 기대할 수 없다고 한다면 가정에서 밖에 기대할 곳이 없다. 그러나 거기에도 어려운 문제가 가로놓여 있다.

우리의 부모와 자식 관계에 대한 설문조사 결과에서 놀란 것이 있다. 부모와 자식의 대화가 하루 평균 45분밖에 없다는 것이다.

24시간 중 겨우 45분. 잠자고 있는 시간이 8시간 있다고 한다면 나머지 16시간 중의 45분이다.

우리나라 사람은 유럽이나 미국 사람에 비하면 이야기하는 것이 서툴다. 곧잘 수줍어하는 성격 탓인지 영어를 유창하게 이야기할 수 있는 사람도 외국에 가면 작은 목소리로 이야기하는 사람이 많다.

그러나 부모와 자식의 대화에는 수줍어하는 성격이고 뭐고 없다. 식사중이거나 텔레비전을 보면서라든가 여러 가지로 대화할 수 있는 찬스는 있을 것이다. 그래서 실제로 정말 그렇게 대화가 적은지 어떤지를 아이들에게 직접 물어보았다.

역시 도시에 사는 아이일수록 부모 자식간의 대화가 적은 것이다. 그 이유는 시간의 엇갈림에 있었다. 아이는 학교에서 돌아오면 바로 학원으로 간다. 아이가 집으로 돌아오는 것은 대체로 밤 9시를 지나서다. 아버지는 일 때문에 한밤중에 귀가하는 것이 보통이고 어머니는 문화 강좌교실에 다니거나 모임 때문에 바쁘다.

따라서 저녁식사는 가족이 따로따로 한다. 매일 돈만 내

주니까 인스턴트인 햄버거나 라면을 식사 대신 먹는다는 아이도 있다. 그런 가족에게 부모 자식간의 대화가 있을 리 없을 것이고 아마도 부부의 대화조차 별로 없을 것이다.

아이가 혼자서 컵 라면을 먹고 있다는 이야기를 들었을 때 나는 참으로 슬펐다. 뭔가 급한 일이 있어서 어쩔 수 없이 아이에게 집을 보게 하고 있다면 이해가 가지만 1주일에 4일은 컵 라면에 스스로 뜨거운 물을 붓고 그것을 저녁 식사로 하고 있다는 이야기를 들었을 때 나도 모르게 울컥했다.

그런데 시골에 가면 이야기는 약간 달라진다. 지방으로 가면 갈수록 할아버지 할머니와 함께 지내고 있는 가족이 많다. 당연히 가족의 중심은 이들이 된다. 옛날 사람은 강하고 완고하기 때문에 저녁식사 시간도 할아버지나 할머니가 결정한다. 물론 오늘 밭에서 따온 신선한 야채를 요리한 그릇들이 여러 개 나오는 영양 만점의 식탁이다. 할머니가 학교 생활을 물으면 손자가 웃음 띤 얼굴로 대답한다. 50년 전 우리의 가족 풍경이 아직 존재하고 있는 것이다.

지방에도 학원에 다니고 있는 아이들은 물론 있다. 그러나 지방의 아이들은 어른들과의 대화 시간이 매일 2시간

이상이다. 아무래도 우리에겐 가족이 함께 하는 식사에 그 열쇠가 있는 것 같다.

애정도 예의범절 교육도 아낌없이 준다

 핀란드 아이들의 부모 자식간에 대화는 평균 하루에 3시간 정도이며 우리와 비하면 압도적으로 길다. 그러나 그들은 식사 중에는 거의 말하지 않는다.

 핀란드에서는 식사 중에 대화하는 것은 매너로서 좋지 않다고 옛날부터 교육을 받아왔기 때문에 지금도 그 습관을 지키고 있는 것이다.

 그러면 언제 3시간이나 대화를 하는 것일까. 실은 핀란드에서는 특별한 일 이외는 저녁 4시 또는 5시에 일이 끝난다. 요컨대 아이가 학교에서 돌아올 시각에는 반드시 집에 양친 중 어느 한 사람이라도 없으면 안 되게 되어 있는 것이다.

　핀란드에서는 초등학교와 중학교를 합친 종합학교라는 것이 있어서 7세부터 16세까지의 아이들이 여기서 공부하고 있다. 학교는 매년 8월 중순에 시작하고 5월20일 경에는 1학년이 종료되고 6월과 7월 2개월은 꼬박 방학이 된다.

　이 긴 휴일에 맞추어서 부모들의 직장 휴가도 2주 이상 얻을 수 있다. 부모가 아이와 함께 지낼 수 있는 시간을 될 수 있는 한 많게 하는 것이 아이들에게 좋은 영향을 준다고 핀란드라는 나라는 생각하고 있는 것이다. '세살 적 버릇 여든까지 간다'고 하는데 핀란드의 부모는 16세가 될 때까지 아이에게 애정을 계속 쏟는다.

　만약 16세까지의 아이가 병에 걸리거나 다쳐서 학교를 결석하고 집에 있어야 할 경우, 핀란드에서는 부친이나 모친 중 어느 한 사람은 직장을 쉬고 아이와 함께 집에 있어야 한다.

　그 규칙을 깬 부모 또는 회사에게는 법이 적용된다. 나라가 부모와 자식의 유대를 보다 견고하게 하려고 여러 가지 방법을 모색하고 있는 것이다.

　그런데 이렇게 기술하면 우리들 중에는 '그런 짓을 하고 있으면 마마 보이나 파파 보이가 되는 것은 아닐까'라고 말하는 사람도 나온다.

핀란드의 부모는 애정을 아이에게 쏟지만 예의 범절 교육은 우리의 부모처럼 안이하게 하지 않다. 공공 장소에서 뛰어다닌다거나, 머리를 염색하거나 불량한 행동을 하는 아이들을 찾아보기 힘들다. 부모 또한 그런 것은 용서치 않는다.

부모 자식간의 유대가 학력을 키운다

핀란드에서는 어른에게 공경하는 것을 어렸을 때부터 교육 받는다.

1년이라도 먼저 태어났으면 자신보다 많은 지식이나 지혜를 갖는 사람으로서 존경하는 것은 당연한 것이다. 그리고 그에 부응하는 어르신들은 어린아이들에게 여러 가지를 가르칠 수 있도록 나이가 들어도 새로운 기술이나 지식을 많이 흡수하는 노력을 아끼지 않는다.

그 증거로 핀란드의 어른들을 대상으로 실시한 '여가를 지내는 방법'이라는 설문조사 결과에서 가장 으뜸은 '도서관에서 책을 읽거나 찾아보기를 한다'는 것이었다.

당연히 그 사고방식은 아이들에게도 이어지고 있으며 핀란드의 아이들은 책 읽는 것을 대단히 좋아한다. 휴일의 오후, 난로 앞에 앉아서 느긋하게 흐르는 시간 속에서 독서를 즐기는 부모 자식의 모습은 핀란드에서는 극히 당연한 풍경이다. 그 모습은 마치 어른들과 화로에 둘러앉아 옛날이야기를 듣고 있던 아이들의 모습을 떠오르게 한다.

아이에게 있어서 부모의 애정 이상으로 더 중요한 것은 없다. 넘치는 듯한 애정을 아이에게 쏟아 붓도록 하자.

아이는 그렇게 해 주기를 진심으로 바라고 있다.

지독한 교육자

여기까지 읽은 독자는 우리의 교육이 이대로는 안 된다는 인상을 강하게 받았음에 틀림없다. 또는 독자 중에 교사

분이 있다고 한다면 분개하고 있을지도 모른다.

그러나 잠깐. 우리의 교사가 모두 틀렸다고 말하고 있는 것은 아니다. 오랫동안 교육의 일터에서 종사해온 나는 지금까지 수많은 학교를 견학하고 그곳에 다니는 학생이나 선생과도 헤아릴 수 없을 정도의 교류를 가졌다.

도내에 있는 모 사립 초등학생의 말이 지금도 귀에 새겨져 있다.

'저 애는 싫지만 집 가까이 살고 있는 것은 저 아이밖에 없으니까 돌아올 때 함께 오기 위해서 어쩔 수 없이 사이좋게 지내고 있어요. 세상이 모순투성인 것 같습니다'

초등학교 5학년인 여자아이의 말이다.

그 여자아이가 다니고 있던 곳은 품격이 출중한 귀족학교였다. 그 여자아이와 이야기하고 있으면 벌써 취직해서 사회에 나간 사람과 이야기하고 있는 것 같은 기분이 들어 이상했다. 그와 동시에 세상에 익숙해져 순진성이 사라진 불쌍한 아이라고 생각했다.

귀족학교의 교사와 많이 만나 봤으나 내가 받은 인상은 별로 좋지 않았다. 사람이 패기가 없고 피로해 있는 것이다. 지도하는 측에 패기가 없으면 가르침을 청하는 측의 아이들이 교활해지는 것도 당연할 것이다.

그런데 핀란드의 학교를 그대로 옮겨다 놓은 것 같은 이상적인 학교를 우연히 간 적이 있었다.

그것은 한 지방의 초등학교인데 1학년부터 6학년생까지 총 80명 정도가 마치 진짜 형제와 같이 의좋게 서로 도와가며 학교생활을 보내고 있는 것이었다. 학교에서 보이는 경치도 이 세상의 것이라고는 생각할 수 없을 정도로 아름다웠고 통학 도중의 아이들은 영화에나 나올 법한 아름다운 경치 속을 걷고 있었다.

교장선생님은 누구보다도 일찍 학교에 나와 근처에 있는 위험한 교차로에서 영하 10도 가까이 기온이 떨어진 겨울 아침에도 꼿꼿이 서서 아이들을 기다리고 있었다. 학교의 리더인 교장선생님이 그러니 다른 선생님들도 매우 열심이었다.

쉬는 시간에는 전교생 모두가 교정에 뛰어나가서 놀고 있었다. 놀라운 것은 아이들이 서커스의 곡예에서나 보던 높은 외바퀴 자전거를 타고 돌아다니고 있었다.

"그건 어디서 났니?"

"교장선생님이 사 줬어요."

아이들은 그 높은 외바퀴 자전거를 정글짐이나 조례대 위에서 타고 뛰어내리며 놀고 있었다. 게다가 2007년도에 교육부 지도로 행해진 전국 테스트에서 그 학교 학생들은 1위를 차지했다. 학력도 대단한 것이었다.

그 학교에 우연히 갔을 때 '이런 학교가 있었구나' 하고 꿈을 꾸고 있는 것 같은 기분이었다. 도시였다면 '우리 아이 다치게 할 작정이세요'라고 말하며 부모가 고함지르며 달려 왔을텐데 말이다.

틀림없이 다른 지방에도 분발하고 있는 선생이 많이 있을 것이라 생각한다. 열정이 넘치는 선생은 도시보다 지방에 많이 있는지도 모른다.

우리모두가 열정을 가진 교육자를 좀더 응원해야 할 것이다.

아이의 가능성을 믿는다

아이들 모두에게는 미지의 가능성이 숨겨져 있다. 당신의 자녀에게는 반드시 훌륭한 가능성이 숨겨져 있다.

인간의 뇌는 무한한 가능성을 지니고 있어서 그 활동은 14세 전후까지 대단히 활발하다.

중학교 3학년이 될 때까지 뇌는 비약적인 성장을 계속하여 여러 가지 정보를 입력해 간다.

그것을 생각하면 역시 의무교육의 기간은 대단히 중요하다는 것을 알 수 있다. 중학교 3학년까지는 아이에게 보다 많은 체험을 시키는 것이 바람직하다.

이런 것들을 학교에 맡겨두면 안 된다. 부모의 영향을 가장 강하게 받는 것도 이 시기이기 때문이다. 그러면 구체적으로 무엇을 하면 될 것인가.

그것은 각 가정에서 일반적으로 생각하는 '이것이다!'

라는 것은 없다. 또 나는 당신의 자녀를 만난 적도 없기 때문에 무책임 하게 말할 수도 없다. 모든 아이에게 공통되는 마법과 같은 교육법은 존재하지 않는 것이다.

그러나 이것만은 말할 수 있다. 부모 자신에게 아이를 교육하는 능력이 갖추어져 있지 않아도 어떻게 해서든 아이에 대한 애정과 정열을 계속 갖는 것이다. 그 두 가지만 있으면 아이는 확실히 좋은 방향으로 성장한다.

아무튼, 그 구체적인 방법은 아이에게 칭찬을 많이 하는 것이다. 최근 부모도 학교 교사들도 아이를 너무 칭찬하지 않는 경우가 많은데 칭찬 받으면 받을수록 자신이 가지고 있는 것 이상의 능력을 발휘하는 특수한 힘을 가지고 있는 것이 바로 아이들이다. 그러므로 하루에 욕먹는 일보다 칭찬 받는 일이 웃돌고 있으면 그 아이의 내일은 오늘보다 성장하게 된다.

그러나 사람을 칭찬하는 것은 어렵다. 아이들은 감성이 예민하기 때문에 마음에 담기지 않은 칭찬의 말은 곧 간파해버리고 만다.

저녁에 식사 준비를 한창 하고 있는 중에 '엄마, 100점 맞았어' 하고 아이가 말하면 당신은 어떻게 칭찬할까.

한창 요리하고 있는 중이니 '위험하니까 저리 가 있어' 하고 일축한다.

야채를 썰기만 할뿐 아이와 눈을 마주치지 않고 '그거 정말 대단하구나!' 하고 말한다.

야채를 썰던 손을 멈추고 '어디 보자, 정말이구나. 대단하다. 참 잘했다. 너는 무엇을 해도 노력하면 할 수 있게 된단다' 하고 아이의 눈을 보며 말한다.

누가 생각해도 칭찬하는 것이 좋은게 확실하다.

아이의 눈을 본다. 이것은 아이를 칭찬할 때의 가장 기본이다. 대수롭지 않다고 생각하기 쉬운데 아이의 성장에는 불가결한 행위이다. 자신의 부모가 자기에 대해서 진지하게 생각해 주고 있는지 어떤지를 생각하는 순간에, 그것을 망칠수 있는 행동이나 말을 해서는 안 된다. 아이는 부모가 생각하고 있는 것 이상으로 상처 입기 쉽기 때문이다.

지인 중에 형제처럼 돌봐주고 있는 자동차 특약 소매점에서 일하는 세일즈맨이 있다. 나는 평생 그 사람 외에는 차를 구입하지 않을 정도로 그 사람을 호의적으로 생각하고 있다. 그런데 전날 그 사람이 내 집을 찾아와서 갑자기 다음과 같은 말을 했다.

"실은 지금 하고 있는 일을 그만둘까 생각하고 있습니다."

나는 그 말을 듣고 앞으로 누구에게 차를 사면 좋을까 걱정이 들어 절망적인 기분이 되었다. 나는 그에게 그만두고 싶은 이유를 물었다.

"실은 지금의 지점장이 나를 전혀 칭찬해 주지 않는 겁니다."

"뭐?"

나는 솔직히 놀랬다. 그에게는 이미 아이가 둘이나 있고 어느 모로 보나 훌륭한 어른이었고, 붙임성 있고 성실함이 몸 전체에서 나타나는 참으로 호감을 불러 일으키는 사람이었다.

이튿날 나는 그 특약 소매점으로 가서 다음과 같은 대화를 나누었다.

"수고하십니다. 실은 여기서 몇 차례 차를 샀던 사람인데 지점장님에게 인사하러 왔습니다."

"아이고, 일부러 이렇게 찾아주시니…….

저는 지점장 S라고 합니다."

"저기 말입니다, 나는 저 N씨 외에는 차를 사지 않기로 마음 먹고 있습니다. 지금까지 만난 세일즈맨 중에서 그 사람만큼 성실하고 좋은 사람은 본 적이 없습니다. 그래서 평생 그 사람 외에는 차를 사지 않기로 했습니다."

"아, 그러십니까……. 그렇게 훌륭합니까……."

점포 안쪽에서 N씨가 생글생글 이쪽을 보고 있는 모습이 보였다.

그는 간신히 아직 그 특약 소매점에서 일하고 있다.

인간이란 나이가 들어도 칭찬 받는 것이 에너지가 되어 매일의 생활에 활력을 내게 하는 것이다.

하물며 부모가 진지하게 애정을 담아서 칭찬한 경우에 아이에게는 엄청난 기운이 깃들게 된다. 욕하고 비방하는 것보다는 칭찬을 한다 .이것은 전 세계에 공통된 자녀양육의 기본인 것이다.

제 3 장

Map Process (지도 방식)의 공부법

부모의 '약간의 궁리'가 자유로운 표현력, 창조력을 자라게 한다

부모의 자제가 아이를 강하게 키운다

*마인드 맵(mindmap)의 창시자 토니 브잔(Tony Buzan)에 의하면 마인드 맵은 무한한 가능성을 지닌 도구라고 한다. 핀란드에서도 마인드 맵과 아주 비슷한 학습법이 학교나 회사에서 채택하고 있다.

그 이름은 '아야투스 카르타(Ajatus Kartta)'.

마인드 맵과 마찬가지로 중앙에 중점이 되는 말이나 그림을 그려놓고 거기서 방사상으로 연상하는 말이나 그림을 그려간다는 것. 마인드 맵과 비슷하지만 크게 다른 것은 핀란드의 카르타는 '이야기한다(말한다)'는 점에 있다.

*마인드 맵(mindmap) : 복수의 키워드를 선으로 연결하여 단편적인 개념을 방사적, 연상적으로 도시하여 사고의 흐름이나 그 전체 상을 분명히 하는 기록법.

현재 전 세계에서 유행하고 있는 맵 방식의 학습이나 비즈니스 표현은 이미지의 연쇄를 도식화한 것이 대부분인데 이 아야투스 카르타는 한 장의 맵을 본 사람이 거기에서 이야기를 느끼거나 이해하지 못하면 의미가 없다고 생각하고 있다.

미국이나 영국을 중심으로 하여 퍼져가고 있는 맵 방식이 디지털 타입이라고 한다면 핀란드식 맵(카르타)은 아날로그 타입이라 말할 수 있다.

핀란드식 카르타의 학습법은 우선 중심이 되는 핵의 말을 정한다. 그리고 정해진 그 핵이 되는 말을 중심으로 상상력, 연상력을 작용시켜 그림과 말을 연결해 간다. 아무것도 쓰여져 있지 않는 하얀 도화지에 자신이 창조하는 이야기의 세계를 그려 가는 것이다.

이 학습 방법은 우리나라 아이들이 가장 자신 없어하는

분야의 것이다. 누군가가 뭔가를 지시하여 본보기를 보여주지 않으면 아무것도 쓰지 못하는 경우가 많다. 또 잠자코 있지 못하는 부모나 교사는 곧 본보기나 견본, 해설, 해답을 보여준다. 지도자 측의 자제하는 힘도 부족한 것이다.

핀란드의 부모는 아이가 구두끈을 묶지 못하고 곤란해 있을 때 아이 앞으로 돌아가서 묶어주는 일은 절대로 하지 않는다. 우리의 부모는 아이가 울면 바로 '그래, 그래, 알았어' 하고 도와준다. 곧 바로 '어쩔 수 없는 애네' 하면서 내 자식의 구두끈을 묶어준다. 우리는 가르치기보다 지도자가 전부 해 버리는 것이다.

핀란드에서는 사회의 시스템 자체가 스스로 무엇이든 하도록 구성되어 있다.

예를 들면 슈퍼마켓에 유통기한이 지난 상품이 있어도 살 것인지 말 것인지 그것은 고객 측의 선택 문제일 뿐이다. 점원은 신경질 내면서 상품을 관리하지 않는다.

'이것은 유통기한이 지났는데 얼마나 싸게 살수 있죠?' 하고 물어보는 고객이 있을 정도지만 유통기한이 지났다고 해서 일부러 점포 측에다 불평을 하는 사람은 없다.

왜냐 하면 북극 지방에서의 생활에서는 음식을 손쉽게

구하는 것 자체가 기적이기 때문이다. 과일이나 야채에 흠집이 있든 굽어져 있든 그런 것은 아무래도 상관없는 것이다. 오늘 우리가족이 먹을 수 있는 것을 살 수 있는 것만으로도 고마운 것이다.

자신의 일은 자신이 한다. 자신이 할 수 있는 것은 스스로 하도록 한다.

이것은 당연한 것 같으면서도 상당히 어려운 것이다.

인간이라는 생물은 상대보다 자신 쪽이 뛰어나거나 뭔가를 할 때 그것을 할 자신이 있을 경우 곧 바로 손을 내밀고 싶어하는 습성을 가지고 있다. 그러나 그것은 가르칠 수가 없기 때문에 유감스럽게도 그 행위는 결국 상대에게 도움이 되지 않는다. 뭔가를 가르친다는 행위에는 지도자 측의 인간적 자제와 인내가 없어서는 안 된다. 이것은 부모가 내 자식에게 예의 범절을 가르칠 경우에도 마찬가지다. 곧바로 손을 내밀어서는 안 되는 것이다.

자화상에 나무 한 그루 그린 아이의 이야기

핀란드의 카르타 학습 이야기로 다시 돌아가 보겠다. 핀란드의 한 학급에서 '자신의 모습을 그림으로 그려라' 라는 과제가 나왔다. 그리고 아이들은 그 과제에 신속히 도전하기 시작했다. 우리나라의 초등학교 5학년에 해당되는 클래스로 아이들의 평균 연령은 10세 가량이다.

모두 개성이 풍부한 그림을 잇따라 완성시켜 갔다. 개중에서 특히 눈을 끈 작품을 다음 페이지에 게재하였으니 참고하기 바란다.

핀란드의 10세 남자아이가 그린 자기 자신의 모습이다.

과연 자신의 모습을 어떻게 그렸을까?

'나는 한 그루의 나무다. 나는 많은 것을 가지고 있다. 하지만 되돌아가지 않는다……'

그 아이는 자신의 모습을 나무에 비유해서 지금의 기분을 표현한 것이다.

나뭇가지에 그려진 물건들은 그가 소중히 하고있는 것들이다 .핀란드의 국기를 디자인한 배낭도 있다. 틀림없이 핀란드라는 나라를 좋아하게 될 것이다. 그리고 아끼는 자전거. 좋아하는 도넛. 작은 고양이(?) 또는 강아지. 그리고 거대한 샌드위치.

나무 줄기의 뿌리에 가까운 부분에는 편지와 같은 것이

쓰여져 있다. 가족의 누군가와 싸움이라도 한 것일까. 외로움이 시처럼 쓰여 있다. 나뭇가지에는 인간이 한 사람도 그려져 있지 않기 때문에 지금은 누구와도 만나고 싶지 않고 이야기도 나누고 싶지도 않다는 기분이 그림에 나타나 있을 것이다. 때문에 그는 나무와 같이 침묵을 지키고 있는 자신의 모습을 그린 것이다.

어떨까. 만약 우리나라 아이들에게 똑같은 주제로 '자신의 모습을 그려라' 라는 과제를 내 주면 어떤 그림을 그릴 것인지 상상해 보기 바란다.

나는 쉽게 상상이 간다. 아마도 우리아이들은 거의 전부가 새하얀 도화지에 사람의 모양을 그리기 시작할 것이 틀림없다. 그것도 될 수 있는 한 거울에서 보고 기억하고 있는 자신에 가까운 모습을 그리는데 에너지를 소비할 것이다.

유치원 때부터 어버이날이 되면 어머니나 아버지 비슷한 얼굴 그림을 크레용이나 색연필로 그려서 교실이나 복도에 붙이는 광경을 가끔 본다. 또한 초등학교 고학년이 되어도 계속하고 있는 학교가 많다.

어버이날이 가까워지면 매년 같은 것을 반복하여 그리고 유치원에서 그렸을 때와 그림의 수준이 조금 밖에 오르지 않은 것은 도대체 무슨 이유 때문일까.

'어머니의 모습을 그리자'라는 지시를 받고 어머니는커녕 사람의 모습은 어디에도 없고 종이에 그린 것은 새빨간 장미꽃 한 송이뿐... '어머니는 나에게 있어서 저 새빨간 장미만큼 아름답다'라는 마음의 부르짖음을 그림으로 표현하는 창조력을 가진 아이가 있을까.

그런 아이를 나는 지금까지 본 적이 없다.

그림으로 마음을 표현할 수 있는 교육

 나는 대체로 어버이날을 위해 아이들에게 어머니나 아버지의 얼굴을 그리게 하는 것을 반대한다. 내가 아주 어릴 적에 부모님은 오랜 별거 중이셨고 부친은 집에 거의 없었기 때문에 얼굴을 그리라고 해도 매우 곤란했던 경험이 있기 때문이다. 다행히 나의 아버지는 텔레비전에 자주 출연하고 있었기 때문에 텔레비전을 보면서 그림을 그린 아이였다. 참으로 괴로운 기억이었다.

 아버지는 학교 수업 참관에 한 번도 모습을 나타낸 적이 없는 비 가정적인 인물이었다. 그런 아이의 괴롭고 슬픈 마음을 교사는 전혀 이해해 주지 않았다.

 그런데 나 같은 사람은 그래도 나은 편이었다. 어머니의 얼굴을 그려 복도에 붙이는 수업이 있었던 날이었다.

 같은 반의 친구 중에 어머니를 병으로 잃은 아이가 있었는데 거의 울상이 되며 '나는 어머니가 없어요……' 하고 선생님에게 말하러 갔다. 그러나 그 교사는 진지한 얼굴로 '그러면 할머니의 얼굴을 그려라'라고 말한 것이다. 나는 어린 마음에 '이 선생은 바보인가' 하고 생각했었다. 사람의 괴로움, 아니 섬세한 아이의 마음을 아무것도 모르고 있었다.

  핀란드의 카르타 학습처럼 어머니의 모습에서 연상한 그림을 그리는 연습을 평소부터 하고 있어서 그것이 극히 당연한 것으로 되어 있다면 그 친구는 어떤 그림을 그렸을까 하고 문득 생각하는 것이 있다. 밤하늘에 빛나는 아름다운 별을 그렸을지도 모른다. 아니면 들에 피는 부러질듯한 한 송이의 이름도 없는 꽃을 그렸을까.

  아이들이 솔직한 자신의 마음을 그림에 투영할 수 없는 우리의 그림 수업 따위는 전혀 필요 없는 시간 낭비일뿐이다. 우리나라에서 우수한 예술가가 별로 자라지 않는 이유가 그런 점에 있는지도 모른다.

카르타식 학습의 구체적인 방법

 핀란드 식 카르타란 도대체 어떤 것이며 어떻게 하면 당신의 자녀에게 실천하게 할 수 있을까. 그 방법은 결코 어려운 것이 아니다.

 핀란드식 카르타를 우리나라 말로 단적으로 표현하면 '사고와 감정의 그림'이 된다.

 머리로 생각하고 있는 것, 마음으로 느끼고 있는 것을 그림으로 그리는 것이다. 미국에서 유행하고 있는 마인드 맵이 이론을 주축으로 되어 있는 것에 반해 핀란드식 카르타는 감정을 주로 한 것으로 되어 있다.

 마인드 맵이 어른들의 비즈니스 아이템으로서 정평 받고 있는 것은 이론적인 사고력을 단련하는데 있어서 유효하기 때문이다.

 한편 핀란드식 카르타는 인간으로서의 감정이 제일 풍

부한 어렸을 때, 그림으로써 그 아이의 감정의 기복이나 갈등, 그리고 성장의 자취를 엿볼 수 있다. 아이 스스로도 자신의 감정을 드러냄으로서 쉽게 감정의 컨트롤이 가능하게 된다.

  핀란드식 카르타의 제작에 필요한 것은 '안정된 환경'과 '느긋하게 흐르는 시간' 두 가지다. 물론 종이와 연필(색연필)도 필요하지만 카르타를 그릴 때 제일 중요한 것은 '환경'과 '시간'이다.

  우선 카르트를 그리기 위한 '환경'에 대해서 설명하자.

  아이라는 것은 뭔가 일상적인 것과 조금이라도 다른 것이 생긴 경우 그것을 결코 간과하지 않는 예리한 감성을 가지고 있다. 그 감성을 역이용해서 카르타 만들기의 환경을 연출하면 좋다. 요컨대 카르타를 그리려면 비 일상적인 요소가 필요한 것이다. 평소 주방에 있는 테이블. 그리고 항상 일하시는 어머니의 모습. 이런 환경에서 '그림을 그려라'라고 말해선 유치원에서 그리는 것 같은 치졸한 그림밖에 그릴 수 없다.

  테이블 위에는 빨간 장미가 꽃병에 꽂혀져 있다.

  어머니는 평소와 다른 원피스를 입고 있다.

테이블 위에는 하얀 도화지 몇 장과 색연필이 놓여 있다.

아이는 틀림없이 '뭘까? 하고 생각할 것임에 틀림없다. 이것으로 카르타 만들기의 환경은 만들어졌다. 아이가 '뭘까? 하고 생각하는 것이 비 일상의 세계로 발을 내디뎠다는 증거인 것이다.

어디까지나 이것은 카르타 만들기를 위한 환경 연출의 한 예일 뿐 이대로 할 필요는 없다. 스케치북과 색연필을 가지고 부모와 함께 가까운 공원으로 가서 카르타를 그리는 것도 좋다. 아이로서는 그래도 충분히 비 일상적인 사건인 것이다.

그 다음 문제는 '시간' 인데 아이들 사이에서도 '시간이 없다'고 말하는 소리를 자주 듣는다. 아이가 '시간이 없다'고 말하는 시대가 되었다고 생각하니 뭔가 안타까운 느낌이 든다. 1주일에 한 번 휴일에 부모와 함께 그림을 그리는 시간을 최소한 1시간은 만들어야 할 것이다.

그 그림에 말을 넣어 가면서 핀란드식 카르타는 완성된다. '학원의 공부가 바빠서 그럴 시간은 없다'고 하는 부모도 있을 것이다. 그러나 공부에 빠져서 아이다움을 상실하고 가족의 대화도 없어져 가는 생활은 가족간 마음의 유대를 굳게 하는 '시간' 그 자체를 소실시키고 있다.

철저히 공부하는 시간이 있어도 좋다. 그러나 그 반면 철저히 노는 시간을 만들어 주어야 한다. '시간이 없는 것'이 아니라 '시간의 사용법이 서툴다'는 것이다.

카르타로 아이들의 마음 속을 알 수 있다

'안정된 환경'과 '느긋하게 흐르는 시간' 이 두 가지를 만들어내서 핀란드식 카르타의 제작에 도전하자.

카르타를 그리기 위해 사용하는 도구는 종이와 펜(색연필, 컬러 펜, 그림물감 등) 두 가지뿐이다. 핵심 과제를 정해서 그 과제를 중심으로 나뭇가지, 또는 거미집과 같이 상상을 펼쳐 간다.

카르타를 그릴 때 중요한 것은 그림을 그리는 기술이 아니라 두 개의 정신적인 작용뿐이다.

첫 번째는 '지금 눈앞에 보이는 것을 그리는 것'이다.

카르타를 실내에서 그리려 하고 있다면 지금 눈 앞에 보이고 있는 것을 그리는 것이다. 벽에 걸려 있는 시계가 마음에 든다면 그 시계를 그대로 그리면 된다.

두 번째는 '지금 마음안에 보이고 있는 것을 그리는 것'
이다. 눈에 보이고 있는 것을 그렸으면 그 다음에 자신의
마음에 느끼고 있는 것을 첫 번째의 사생적인 그림에 그려
넣는다. 그 때 메모와 같은 짧은 말을 첨부하면 좋다.

실제로 우리나라 초등학교 6학년생의 남자아이가 그린
카르타가 있으니 참고로 보도록 하자.

이 그림을 보면 학교에서 공부하고 있는 모습이 어디에
도 그려져 있지 않다. 아이는 자신이 별로 좋아하지 않는
것은 그리려고 하지 않기 때문에 아마도 그는 학교에서의
공부가 싫은 모양이다. 다음에 이 그림에는 자신 이외의 가

족의 모습이 그려져 있지 않다. 선생님 같은 인물과 공을 차며 노는 친구의 모습뿐이다. 부모가 싫어하는 것은 없는가, 어떤 불만이 있다는 것과 적지 않게 지금의 생활에 불만을 품고 있는 것을 알 수 있다.

이 카르타를 그린 소년은 12시에 잠드는 것 같다. 아침에 일어나서 밤에 잘 때까지 해야 할 일이 많이 있다. 토요일도 학원에 가고 있는 도시의 6학년 초등학생이면 거의 매일 카르타에 그려진 생활을 보내고 있을지도 모른다. 그러나 다른 부분에 눈을 옮기면 케이크 같은 것이나 급식, 저녁밥의 카레가 그려져 있다. 식욕 왕성하고 건강한 상태에 있다는 것도 순간에 알 수 있다.

이와 같이 카르타를 그리는 것을 통해서 아이들의 마음속이 눈으로 보이는 형태가 되어 카르타의 표면에 떠오르게 된다. 부모와 아이의 커뮤니케이션 도구로서 핀란드에서 카르타가 활용되고 있는 이유가 여기에 있다.

논리력을 키우기 위한 실천 카르타

우리나라 초등학생이나 중학생 아이들에게 느닷없이 논리력이라는 말을 내세우면 거부 반응이 돌아올지도 모른다.

그것은 아이들에 한하지 않고 어른도 마찬가지가 아닐까. 대개 논리력이라는 것은 아무래도 접근하기 어렵다는 것을 이미지 하게 하는 것 같다.

그러나 초등학교 국어 수업에서도 이 논리력의 학습을 하고 있다. 어쩌면 지도하고 있는 교사 자신도 논리력에 대해서 가르치고 있다는 의식이 없는지도 모른다.

국어 작문 수업에 '5W1H'라는 공식과 같은 것이 나온다. 이 책을 읽고 있는 사람은 대부분이 이것을 본 적이 있다고 생각한다.

5W1H:

When언제(시간), Where어디서(장소), Who누가(인물)

What무엇을(대상, 사물), Why왜(이유), How어떻게(방법, 모양) 6개의 내용을 의미하고 있다. 이 5W1H는 작문을 쓸 때의 '기둥'이 되는 내용을 가리키고 있다.

학교 수업에서는 이 5W1H에 소비할 수업 시간이 너무나도 적고 거의 아이들이 표면적인 학습만 하고 지나가 버린다. 그런데 실은 이 5W1H야말로 논리력의 기본이 되는 것이다. 초등학생 때 구체적인 개념을 철저히 학습해 둠으로써, 그리고 앞날의 인생에 대해서 논리력으로 고민하는 일은 없어진다.

다음 문장은 제1차 세계대전에 대한 내용을 기록한 것이다. 우선 한 번 읽어보도록 해 보자.

제1차 세계대전(World War 1)은 1914년부터 1918년까지의 약 5년간에 걸쳐서 동맹국 측 4개국 (독일, 오스트리아, 불가리아, 오토만 터키 등), 연합국 측 27개국(영국, 프랑스, 러시아, 이탈리아, 미국, 세르비아 일본 등)의 총 31개국에 의해 행해진 세계 규모의 대 전쟁이다.

이 전쟁이 시작된 계기는 1914년6월28일, 오스트리아=헝가리 제국의 황위 계승자 프란츠 페르디난트(Franz Ferdinand) 대공 부부가 보스니아의 수도 사라예보를 방문했을 때 세르비아인 민족주의자 가브릴로 프린치프(Gavrilo Princip)에게 총격 받아 살해된 사라예보 사건이다. 이것을 계기로 타국의 영토를 노리고 있던 나라들이 일제히 선전포고하여 그것이 전 세계로 연쇄하여 순식간에 세계대전으로 돌입하게 되었다. 전쟁의 기세는 멈출 줄 모르고 전장은 아프리카, 중동, 동아시아, 태평양, 대서양, 인도양이라는 지구상의 모든 육지, 바다로 퍼져갔다.

이 문장을 5W1H에 의거 작성한 핀란드식 카르타가 다음의 것이다.

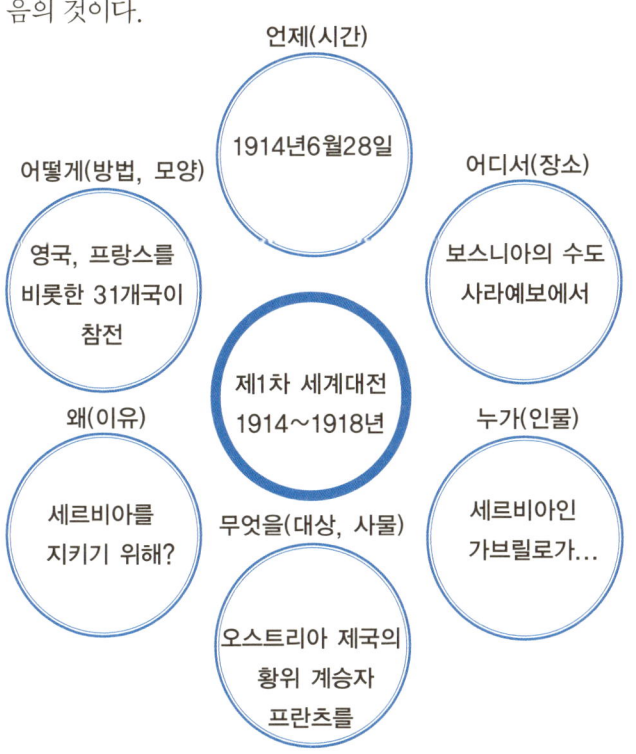

이와 같이 5W1H를 문장 속에서 찾아서 카르타로 나타냄으로써 문장 전체의 내용을 파악할 수 있는 것과 동시에 중요한 사항을 반영구적으로 뇌에 입력 할 수 있다.

이 카르타 학습법은 국어를 비롯하여 사회, 이과, 수학이라는 모든 교과의 학습에 응용할 수 있다.

핀란드식 카르타를 이용하여 아이의 지식과 사고력의 양면을 단련하고 논리력을 키워 나가자.

감정을 그대로 나타낸 실천 카르타

핀란드식 카르타는 논리적인 카르타와 감정을 그대로 그려낸 카르타 두 종류로 크게 나눌 수 있다.

감정을 그대로 그린 카르타는 보는 사람의 상상을 북돋운다. 거기에는 논리적인 연속성은 보이지 않는다. 각각 말이나 그림에는 관련성이 있으나 오히려 비연속성의 것이 많다.

다음의 카르타는 한 중학생 남자아이가 그린 것이다.

그의 집은 4인 가족이다.

부친은 약간 살찌고 모친은 밝고 활동적인 여성인 것 같다. 여동생에 대해서는 약간 반발의 감정을 가지고 있는지도 모른다.

그 자신은 미래에 대한 불안이 있고 취미는 다채롭다는 것을 알 수 있다. 돈이라고 쓰여져 있는데 아마도 부친이 고생하는 것을 보고 자신 나름으로 여러 가지를 생각하고 있음에 틀림없다.

말 이외의 일러스트나 디자인은 힘이 있고 적극적으로 살고 있는 그의 마음의 에너지를 느낄 수 있다.

조금만 연습하면 이 정도의 카르타는 누구나 그릴 수 있다. 감정을 그대로 그려낸 카르타는 사람에 따라 분위기가 전혀 다르다. 컬러풀한 펜을 사용하여 그리면 더욱 사람의 눈을 끄는 것으로 마무리된다.

장래 직업이나 생활에서 벽에 부딪쳤을 때 반드시 도움이 될 때가 오기 때문에 지금부터 연습을 쌓아두면 좋을 것이다.

논리적 카르타와 감정의 카르타 양쪽을 잘 그릴 수 있게 되면 장래의 비즈니스 상황에서 강한 무기가 될 것임에 틀림없다.

객관성을 키우려면 어떻게 하면 될까

우리아이들은 입는 옷에 얽매이게 되는 부분이 있다.
그러나 그런 부분들은 자기 중심적인 범위를 벗어나지

않는다. 다만 자신이 좋아하는 옷을 '이것이 좋다' 라는 짧은 말에 의해 구입되는 작업을 반복하고 있다. 그 반복에 의해서 아이들에게 터무니없는 개념을 심어버리고 있다는 것을 어른들은 깨닫지 못한다.

'표현력' 이라는 말이 있는데 표현력은 말이나 동작만으로 표현하는 것은 아니다. 그 인간이 맵시 있게 입는 옷에 따라서도 개성을 연출할 수 있는 것이다. 다시 말해서 옷의 색이나 디자인으로 자신을 표현할 수도 있다.

핀란드에서는 아이들의 옷의 수보다 그 색과 디자인에 매료되어 옷을 구입하고 있다. 매일 다른 옷을 입히는 것이 사회적 지위인 양 우리나라의 아이들은 많은 옷을 사시고 있다. 그러나 그 옷을 구입할 때 색이나 디자인은 아이에게 맡기고 있다. 아이가 '이 옷이 좋다' 고 고르는 옷은 대개 아이가 좋아하는 화려한 색이 되어버린다.

부모가 '우리 아이는 브라운이나 회색의 우아하고 세련된 색이 어울린다' 고 생각하고 있어도 '나, 핑크 색의 이 옷이 좋아' 하고 매장에서 말하면 '본인이 입는 것이니까 본인이 좋아하는 옷을 사는 것이 좋겠지……' 하고 별로 생각하지도 않고 아이의 마음에 든 옷을 사서 준다.

핀란드에서는 그런 것은 거의 생각할 수 없다. 아이가 좋아하는 색과 아이에게 어울리는 색에 대해서 의논한다.

'나, 핑크나 빨간 색이 좋아'

'하지만 네게 잘 어울리는 색은 짙은 브라운이야, 그러니까 옷을 살 때는 네 자신이 핑크와 빨간 색 그리고 브라운의 옷을 입어보고 잘 생각해 보아야 한다'

이와 같은 대화가 오가고 잘 생각한 끝에 아이는 브라운의 옷을 선택한다. 그리고 그 옷을 입고 집안 어른들에게 모두 함께 놀러가서 집 현관문을 여는 순간 '야, 정말 훌륭한 아가씨로구나. 그 브라운 색 옷은 지금까지 입은 옷 중에서 제일 잘 어울린다. 아주 좋아!' 하고 할머니가 웃음 띈 얼굴로 마중 나와 준다. 모두가 그 아이에게 어울리는 색을 인식하고 있는 것이다.

주관과 객관이라는 말이 있는데 아이는 모든 것을 주관적으로밖에 볼 수 없다. 아직 정신적으로 성장하지 못했기 때문에 자신을 객관시 할 여유가 없는 것이다.

그러므로 어른은 아이와 접할 때 그 아이의 지나친 주관적인 생각을 느꼈다면 객관적으로 자신을 보는 방법을 조금씩 가르쳐 갈 필요가 있다.

그 작업은 대단히 인내가 필요한 작업이며 부모로서 아이에 대한 당연한 교육이다. 핀란드에서는 옷을 색이나 디자인을 이용하여 조금씩 어렸을 때부터 자신을 객관시하는 방법을 가르치고 있는 것이다.

강요하지 않고
하고자 하는 의욕을
이끌어 내는 방법

'우리 아이는 하고자 하는 의욕이 없어요' 하고 탄식하고 있어서는 사태는 진전되지 않는다. 모든 것은 창의적인 연구를 하면서 전진이 있을 뿐이다.

핀란드에는 숙제가 없다. 정확히 말하면 숙제라는 말이 없는 것이다.

'여기에 재미있는 문제 두 가지가 실려 있는 프린트가 있는데 집에서 도전해 보고 싶은 사람은 가지고 돌아가도

록 해'

핀란드의 선생은 이런 표현을 한다.

'오늘은 내 생일이니까 그런 프린트는 하고 싶지 않다'고 생각하면 그 아이는 프린트를 가지고 돌아가지 않는다.

'오늘은 집에 돌아가서 아무런 할일도 없으니까 가지고 가야지. 게다가 뭔가 재미있는 문제일것 같아' 라고 생각하는 아이는 프린트를 가지고 돌아간다.

인간이라는 생물은 강요하면 결코 진정한 능력을 신장시킬 수 없다. 야단치면 그 공포심에서 다소의 성과를 얻을 수 있지만 오래 계속되지 못하는 것이다.

계속 야단맞으면서 유명한 화가가 되었다는 이야기는 들은 적도 없을 것이다. 예술적인 재능은 바로 강제를 싫어하기 때문이다.

인간은 자신의 의사에 의해서 모든 일에 도전함으로써 능력이 전부 발휘할 수 있게 된다. 아이는 더욱 그 경향이 강하다. 아이의 재능을 개화시키기 위해서는 아이의 자주성을 키우는 것 외에는 없다. 그리고 아이의 자주성을 키우려면 가만히 아이를 지켜보는 것이 제일이다. 그것은 내버려둔다는 것이 아니다. 아이는 그저 내버려두면 이상하게 되어버린다. 그렇다고 해서 너무 잔소리가 많은 것도 어려워한다. 비록 석가모니가 될수는 없겠지만 부모에게는 아이를 손바닥 위에서 조종하는 여유가 있어야 한다.

부모는 무게 있게 자세를 취하며 아이가 자주적으로 무슨 일에 대해서도 도전하려는 자세를 기를 수 있도록 도와야 한다.

몸을 만지면서 말하면 생각은 전달된다

인간의 '뇌'가 여러 가지를 생각하고 지령을 내고 있는 것은 누구나 알고 있다. 최신 과학에서는 혈관의 세포 속에도 그 뇌와 비슷한 부분이 있고 뇌의 지령이 없어도 혈관이 스스로 생각하고 신축 물질을 생성하거나 활동을 활발히 한다는 것이 분명해졌다. 그리고 혈관의 끝은 피부인데 이 피부에도 뇌와 아주 비슷한 작용을 하는 물질이 존재하는 것을 알고 있다.

요컨대 살기 위해 몸 속에 필요한 물과 영양을 운반하고 있는 혈관과 몸 전체를 자루처럼 싸는 피부는 뇌와 같은 작용을 하고 있는 것이다.

인간의 혈관을 하나로 전부 연결하여 그 길이를 재면 약 10만 킬로미터나 된다. 지구를 두 바퀴 반이나 도는 거리인 셈이다. 그 혈관 전부와 피부는 항상 '사고하고 있다'는 사실을 알아두자. 특히 어렸을 때는 그 작용이 활발하고 날카롭다. 스킨십이라는 말은 예전부터 있었는데 실로 교묘하게 요점을 찌른 말이 아닌가.

아이에게 애정을 쏟을 때는 몸의 어느 한 부분을 쓰다듬으며 이야기하는 것이 좋다. 그렇게 함으로써 부모의 생각을 직접적으로 아이에게도 전달할 수 있다. 핀란드의 사람들 사이에는 이것은 상식적인 것이며 극히 일상적으로 행해지고 있는 행위다. 아이는 접촉되는 피부 부위에서 정보를 받아내서 그 피부에서 몸 전체로 사고를 하기 시작한다.

어린 아이는 응석부리듯이 다가온다. 그 행동은 자연히 피부에서 애정이나 치유의 정보를 흡수하려 하고 있는 행위이다 .그럴 때 '엄마는 바쁘니까 저리 가'하고 차갑게

다루어서는 안 된다.

그 아이의 피부와 혈관과 뇌 전부가 위축해 버리게 된다. 핀란드에서는 이런 것을 전부 부모나 학교 지도자들이 이해하고 있으며 아이들에게 접목하고 있다. 그러므로 아이들에게 말을 걸때는 반드시 손이나 어깨, 얼굴이나 머리 등, 아이의 몸 어딘가에 손으로 만지듯이 하여 이야기한다.

아이의 마음의 성장에는 약간의 몸짓이 중요한 것이다.

부모도 아이도 '혼자만의 시간'을 만든다

하루 중에 자신의 시간은 어느 정도 있을까.
자신이 좋아하는 것에 도전할 시간은 하루 중에 어느 정도 있고 그 시간대는 언제쯤일까. 자신을 재고하는 시간이나 자신의 취미에 차분히 몰두할 수 있는 시간은 있을까.

항상 옆에 누군가가 있고 혼자 있는 시간이 없다는 사람은 30분이라도 좋으니 자기 혼자만의 시간을 가질 수 있는 환경 조성을 해야 한다. 어른은 물론이고 아이들에게 있어서는 이 '혼자만의 시간'이 대단히 중요한 것이다.

혼자 있는 시간을 고독하다고 표현하면 외로움이 감도는데 반대로 단시간의 고독은 사람을 냉정하게 한다.

유럽, 미국에서는 거의 모든 부모들이 갓 태어난 아이를 혼자 눕혀둔다. 그것은 태어났을 때부터 독립 정신을 단련시켜 장래에 대비하기 위해서라고 한다. 요컨대 유럽, 미국인은 태어났을 때부터 고독이라는 감정을 당연한 것처럼 받아들여 살고 있는 것이다.

자신의 능력을 제일 집중할 수 있는 시간대는 하루 중 어느 때일까. 아침일까, 낮일까, 밤일까, 자신의 기분이 부풀어오르는 시간대는 24시간 중 어느 위치에 있는지 알 필요가 있다. 인간의 성장기때에는 밤 10시경에는 자고 있어야 한다고 하는데 정말일까.

나는 초등학교 4학년 때부터 매일 자는 시간이 대체로 새벽 3시 정도이다. 물론 때로는 밤 11시경 잘 때도 있지만 그것은 어지간히 피로해 있을 때이고 지금도 거의 매일 새벽 3시까지 깨어 있다. 그러나 몸의 컨디션은 대단히 좋다. 병도 거의 앓은 적이 없고 정기적으로 받고있는 건강 진단의 결과도 양호하다.

나로서는 밤 11시부터 새벽 3시까지의 4시간이 하루 중에 가장 기분이 부풀어올라 최고의 집중력을 얻을 수 있는 시간대다.

현재는 도쿄의 교외로 보금자리를 옮기고 있기 때문에 그 시간대는 실로 조용하다. 귀를 기울이면 사슴이 뛰는 발소리, 멧돼지의 콧김이 들려올 정도다. 창밖을 내다보면 여우의 눈이 어둠 속에 파랗게 빛나고 있는 것이 보인다.

업무 관계로 시내에 자주 가는데 일을 마치고 집에 돌아오면 마음이 안정된다. 가족이 모두 잠들어 조용해진 후, 고요함이 밀려와서 고독이 덮친다. 그리고 서서히 집중력이 높아지는 것을 느끼는 것이다.

아침 일찍 일어나서 일을 하는 것이 제일 좋다고 하는 사람도 있고, 점심을 전후해서 하루의 피크가 찾아온다는 사람도 있다. 나의 경우, 어렸을 때부터 밤 11시에서 오전 3시까지가 가장 기분이 부풀어올라 창작 의욕이 솟아나는 시간대다. 자기 혼자만의 고독한 시간을 맛볼 수 있는 사람은 행복하다고 말할 수 있다. 하루 종일 고독을 느끼고 있는 것이 아니라 하루 중 몇 시간을 고독하게 있을 수 있으니 그 시간대는 하루 중에서 제일 사적인 시간대인 것이다.

당신의 아이는 그런 사적인 시간을 맛보고 있을까.

혼자만의 시간은 인간의 창조력을 북돋우는 최고의 시간이다. 아이가 혼자여서 불쌍하다고 생각하지 말고 아이의 창조력을 신장시키기 위해 과감하게 고독한 시간을 만들어줌으로써 지원 사격을 해 나가야 할 것이다.

휴대전화를 어떻게 생각하는가

핀란드의 휴대전화 보급률은 전 국민의 80퍼센트 전후로 인터넷의 보급률과 거의 같다. 미국에서는 초등학생이 휴대전화를 가지고 있는 것은 드물지만 한국과 일본 그리고 핀란드의 아이가 휴대전화를 가지고 있는 비율이 세계적으로 보더라도 높다. 노키아(Nokia)사의 휴대전화는 세계적 시장 점유율을 자랑하고 있는 제품이다. 핀란드의 사람들이 가지고 있는 휴대전화는 거의 전부가 노키아의 것이다.

물론 노키아의 휴대전화로 인터넷도 즐길 수 있다. 아이들은 휴대전화로 인터넷의 게임을 즐기거나 정보를 얻거나 하고 있다. 핀란드에서는 아이들이 휴대전화를 가지고 놀러 가거나 심부름 가거나 하는 모습은 일상적이다. 그러면 핀란드에서는 휴대전화로 인한 악영향은 없을까.
대답은 '전혀 없다'이다.

그와 같이 딱 잘라 단언할 수 있는 것은 핀란드에는 우리와 같은 악질적인 휴대 사이트가 존재하지 않기 때문이다. 핀란드 정부는 '만남의 전화(?)'라는 이상한 사이트를 구축하는 것을 엄히 규제하고 있다.

그러나 외국이 이런 사이트에 접속한 경우에는 핀란드 정부는 손을 댈 수가 없다. 미국의 사이비 종교 모임인 사이트에 접속하여 그 그룹의 동료와 인터넷으로 친밀해지면서 결국 총기 살인사건을 일으킨 고교생의 출현은 핀란드 정부를 괴롭혔다. 규제할 방법이 없기 때문이었다.

인터넷은 세계를 연결함으로써 그 힘을 마음껏 발휘할 수 있다. 그 이점을 규제해버린다면 인터넷의 본질을 부정하는 것이 되어버린다. 그래서 핀란드 정부는 총의 규제와 인간으로서의 생활태도에 대한 교육을 강화했다.

총의 규제는 총을 소지할 수 있는 연령의 기준을 올리는 것과 동시에 총을 갖는데 적합한 환경이나 인간성을 갖추고 있는가, 없는가 하는 엄격한 조건을 충족시키지 않으면 총 소지 허가가 나오지 않게 되었다.

또 휴대전화나 인터넷은 어디까지나 상대에게 용건을 전달하는 도구일 뿐 자신의 진짜 '생각'을 전달하는 것은 할 수 없다는 교육을 핀란드 전국에서 철저히 시작했다.

그 교육의 효과가 지난 몇 년 사이에 서서히 나타나게 되었다고 한다.

선진국에 있어서는 휴대전화나 컴퓨터, 인터넷은 이미 생활에 없어서는 안 될 아이템이 되었다. 그러나 자동차를 운전하는 것과 같은 수준의 위험성이 내포되어 있다.

우리는 아직 영화관이나 콘서트에서 휴대전화의 전원을 끈다는 매너 교육 정도밖에 행해지고 있지 않다. 그러나 자동차의 운전을 교습소에서 가르칠 필요가 있는 것처럼 우리가 사용하는 휴대전화에도 교습소가 필요하다고 말할 수 있다.

현재, 그 휴대전화 교습소의 선생님은 부모뿐이다.

아름다운 것을 보면 마음은 자연히 자란다

세상에서 정말로 아름다운 것은 무엇일까. 이와 같은 질문을 하면 느닷없이 '사랑'이라는 등 대답하는 사람이 있다. 분명히 진실한 사랑은 아름다울지 모르지만 눈에는 보이지 않기 때문에 그 실체는 이해하기 어렵다.

인터넷이나 텔레비전에서 본 것은 대리 만족에 불과하고 거기서는 향기도 맛도 감각도 얻을 수 없다. 진짜라고는 할 수 없다.

아이에게 되도록 실제를 보이면 좋다. 이것은 세계 각국에서 지향하는 교육방법이다.

핀란드에는 19만 개나 되는 아름다운 호수가 있다. 국토의 면적은 작지만 호수는 비교할 수 없을 정도로 많다. 장소에 따라서는 수백 미터 걸으면 다음의 호수와 맞부딪칠 정도다. 그리고 그 어떤 호수나 예외 없이 아름답다.

핀란드는 호수 외에도 있는 그대로의 자연이 도처에 남아 있으며 숲도 그 중 하나다. 호수를 제외한 국토의 70퍼센트 이상이 숲으로 덮여있다. 우리도 삼림이 많지만 핀란드와의 차이는 그들은 될 수 있는 한 인간의 손을 가하지 않고 숲을 유지하고 있는 점에 있다.

숲을 걸으면 알겠지만 관리된 국립공원인 누크시오(nuuksio)국립공원에 있어서도 '쓰레기는 가지고 돌아갑시다' '낙석 주의'라는 간판은 설치되어 있지 않다. 누구나 길을 잃을 것 같은 곳에만 미안한 듯이 나무로 만들어진 '행선지를 가리키는 표시'가 서 있을 뿐이다. 기타 인공적인 것은 거의 없다.

숲에 오는 사람들은 숲 그 자체를 즐기고 싶기 때문에 인간의 조형물은 보고 싶지 않기 마련이다. '낙석 주의'라는 간판도 필요 없다. 낙석은 그 곳 외에도 도처에서 일어날 가능성이 있다. 섣불리 이런 간판을 세우지 않는다.

도로의 표지판에 대해서도 같은 말을 할 수 있다.

'굽은 길'이라는 표시를 많이 보는데 그런 것에 일일이 주의하지 않고 운전하면 정말로 사고가 일어나는 것일까.

핀란드의 부모들은 아이들에게 될 수 있는 한 사람의 손이 가해지지 않은 자연의 모습을 보여주려고 노력한다. 가족이 함께 산에 오르고 카누로 호수와 강을 여행하며 텔레비전이나 인터넷이 없는 통나무집에서 휴가를 보낸다.

새 소리를 들려주고 동물들의 모습과 계절의 아름다움을 보여준다. 거기서 생기는 것은 자연에 대한 경외이며 진짜를 보는 힘이며 가족의 유대다. 그것들을 체험한 아이들은 보다 사려 깊은 철학자가 되어 성장해 나가는 것이다.

인내력은 14세까지 익히게 한다

핀란드를 비롯한 유럽, 미국의 정부 관련 교육기관은 아이들의 성격과 학습 능력의 관계를 연구하고 있다. 그 연구 결과에 의하면 14세까지 그 아이의 성격이 단정하지 못하면 어른이 되어도 계속 단정치 못하다는 데이터가 나와 있다. 요컨대 14세까지 인내력이나 착실함을 익히지 않으면 그 후 오랫동안 그대로의 성격으로 인생을 걷게 된다는 것이다.

자신의 방을 깨끗이 청소하거나 정리 정돈하거나 하는 버릇을 14세까지 익힌 아이들을 그 후 추적 조사한 결과 어른이 되어 설계사나 파일럿, 의사와 같은 사소한 차질도 허용되지 않는 직업에 종사하고 있는 사람이 많다는 것을 알았다. 그 조사 결과는 어디까지나 비율적인 것이지만 대단히 흥미 깊은 결과다.

그것에 대해서 생각나는 것이 있다.

학원의 교사로서는 실로 고마운 일이지만 초등학교 1학년부터 중학 3학년까지 계속 내가 가르치는 학원이 마음에 들어 다녀준 아이들이 많이 있다. 그리고 그 아이들이 고교, 대학, 사회인이 되어도 가끔 나를 찾아온다.

나의 제자들에 관해서는 선명하게 기억이 남아 있어서 아이들이었던 초등학교 1학년 때의 모습이 지금도 분명히 기억에 새겨져 있다.

전날에도 25세가 된 제자가 나를 찾아와서 직업에 대한 고민상담을 해달라고 했다.

직장에서의 인간관계가 원만하지 못해서 고민하고 있다

는 내용이었다. 갓 사회인이 된 인간이 경험하는 일반적인 고민들이었다. 그 때 놀란 것은 그 상담 내용이 아니라 그 아이의 몸짓이 초등학교 1학년 때와 조금도 달라지지 않았다는 것이었다. 초등학교 1학년의 그 아이를 처음 만났을 때 그녀는 자신의 이마를 오른손 가운뎃손가락으로 문지르면서 부끄러운 듯이 이야기하는 버릇이 있었다. 20년 가까운 세월이 흘렀는데도 그 버릇이 그대로 남아 있는 것이었다.

'선생님이 자신에게 솔직히 살라고 말씀하신 것을 지금도 잘 기억하고 있습니다'

그녀는 그렇게 말하고 또 겸연쩍은 듯이 이마를 문시르고 있었다.

이 때 나는 14세까지는 인간으로서의 올바른 기본을 만들어 주지 않으면 엄청난 결과를 낳는다는 것을 알았다.

부모는 물론이고 아이의 교육에 종사하는 사람들은 지도하는 내용 여하에 따라서 그 아이의 일생을 좌우한다는 긴장감을 가져야 한다.

흔히 '아이에게 인내력을 기르게 하려면 어떻게 하면 되겠는가' 라는 질문을 받는데 그건 정말 간단하다. 부모가 인내력을 가지고 있기만 하면 되는 것이다.

부모에게 인내력이 있으면 그 아이는 반드시 인내심이 강하게 자란다. 아이에게는 항상 함께 있는 사람의 성격이 옮겨간다. 요컨대 부모의 성격이 그대로 옮겨지는 것이다.

부모가 걸핏하면 '피곤해, 너무 피곤하다'고 말하는 사람이라면 그 아이도 걸핏하면 '피곤하다'고 말하게 되어버린다. 아이가 14세가 될 때까지 부모 자신이 성격을 개선해 나가지 않으면 아이의 인생은 그대로 달라지지 않는다.

'왜 그렇게 단정치 못하니!'

이런 말을 아이에게 말하는 부모가 있는데 그것은 어쩌면 자기 자신에게 적용되는 말인지도 모른다.

유전적으로는 양친과 전혀 다른 성질의 아이가 이 세상에 탄생하는 확률은 제로다. 그러므로 당신이 아이에 대해서 화내는 것은 자기 자신에 대해 화내고 있는 것과 같은 것이다.

감정에 맡겨 마구 화내는 것이 아니라 이성적으로 아이의 성장을 위해 무엇이 제일 좋은 방법인가를 항상 모색하는 것이 부모의 책임이다.

14세까지는 올바른 인생의 레일 위에 오르게 하면 그 다음은 자신의 힘으로 목적을 향해 나갈수 있으니 사고방식에 따라서는 마음이 편하다.

그러나 그러기 위해서는 부모 자신도 인내력을 강화할 필요가 있다.

인생, 죽을 때까지 마음을 집중하여 노력하는 것이다.

제 4 장

대화의 습관

핀란드의 가정에서 실행하고 있는 학력 이전의 중요한 것

*부모에게는 자기 나름의
교육 철학이 필요*

 우리의 학교에 대해 수준이 높은 수업을 바라는 것은 거의 절망적이라고 생각해도 과언이 아니다. 일부의 사립학교나 학원에서는 기합이 들어간 교사가 매일 착실한 수업을 계속하고 있는 것 같은데 그와 같은 교사에게 당신의 아이가 수업을 받는 기회는 너무나 적다. 그러면 도대체 어떻게 하면 되겠는가.

 그 대답은 '부모들 스스로 어떻게서든 한다' 라는 것이다. 그 말밖에 아이의 힘을 신장시키는 방법은 없다. 가족이 한 덩어리가 되어 싸울 수밖에 없다. 남에게 의지하는 지금의 현상을 생각하면 어찌할 도리가 없다.

자신의 아이는 자신이 기른다. 이것은 부모로서 당연한 것이다. 부모는 부모의 얼굴을 갖는 한편 인생이나 학습의 지도자로서의 얼굴도 가져야 한다. 아이가 알고 있는 것보다 몇 배의 지식을 가지고 있는게 당연하다는 것이 부모라는 존재인 것이다. 아이가 부모를 존경하는 마음은 '자신의 양친은 자신이 모르는 것을 무엇이든 알고 있다. 그리고 무엇이든 할 수 있다'라는 존경의 마음에서 생긴다.

그러므로 부모는 아이보다 '살아나가는 힘'이 넘치고 있어야 한다.

그러기 위해서는 우선 자신의 자식에게 어디까지 바라고 있는가를 분명히 해 줄 필요가 있다. 무슨 말인가 하면, 학습의 설명을 당연한 듯 학원이나 가정교사에게 맡기고 있는 것이다. 그 학습 스타일을 계속하고 있으면 조만간 그 아이는 곤경에 빠지게 된다. 부모가 이해하지 못하는 것을 아이가 적극적으로 할 리 없다.

강제적으로 그 학습 스타일을 계속해 나가면 아이는 '자신의 부모가 할 수 없는 것을 왜 자신이 해야 하는가'라는 불만이 심해지게 된다.

그러므로 아이에게 고난을 강요하기 위해서는 부모에게도 조금이나마 노력이 필요하게 된다. 고교 3학년까지의 전 교과의 포인트가 되는 지식이나 사고방식을 대충 머릿속에 담아 언제라도 그것을 자신의 자식에게 지도할 수 있도록 해 둘 필요가 있다.

그러나 최근에는 초등학교 5학년의 산수 문제조차 풀 수 없는 부모가 많다. 부모들도 중고등학교까지는 나왔을 테니까 그런 문제를 막힘 없이 풀 수 있는 것이 당연한데 풀지 못한다. 우리의 교육 수준이 낮은 것은 부모 자신에게도 문제가 있다고 말할 수 있다.

'상당히 오래 전에 배운 것은 전부 잊어버리고 만다'

그런 변명이 들려올 것도 같은데, 그렇다면 지금의 아이들이 학교나 학원에서 하고 있는 것도 곧 잊어버리고 말아도 어쩔 수 없다는 이치가 된다.

그런데 자신의 자식이 테스트에서 조금 틀렸다고, 아무 생각없이 '얼마 전에 공부한 거잖아' 하고 꾸짖고 마는 당신이 있다.

아이의 적극성을 키워주는 말, 그렇지 않은 말

만약 자식이 작품 전시회에서 미술상을 수상했다면 당신은 어떤 말을 하겠는가.

그와 같은 경우의 대표적인 예를 다음에 열거해 보았다.

'운이야'

'상을 받는다니 생각지도 않았다'

'그림 재능이 있다니 누구를 닮았을까'

'역시 너는 대단하구나'

'그림의 재능이 있구나'

'기적이다'

'정말 좋은 그림이군. 훌륭해'

'고흐처럼 될지도 모르겠구나'

'좋은 그림이지만 색의 균형이 약간 기운다 할까'
'마음이 담겨진 좋은 그림이다'

이 말들은 실제로 미술상을 수상한 아이들에게 부모가 한 말이다.

미국에서는 어떤 결과에 대해서 적절한 반응을 보이는 것을 피드백(feedback)이라고 한다. 아이들의 성과에 대한 피드백은 핀란드에서도 교육 지도의 기본 중 하나로 들고 있을 정도로 중요한 위치를 차지하고 있다.

아이들에 대한 피드백의 내용은 다음 번에도 그 상황에 대해 적극적으로 도전할 수 있는 마음가짐을 구축해야 한다는 것이다. 때문에 입이 찢어져도 '운이 좋은거야' 라는 말은 해서는 안 된다. 그런 말을 들은 아이는 평생 동안 그림을 그리지 않게 될 가능성마저 있다.

'그림의 재능이 있다니 누구를 닮았을까' 라는 표현도 좋지 않다. 마치 자신들의 자식이 아닌 것 같은 표현이다.

'기적이다' 라는 표현도 어떨까. 기적이라는 것은 그다지 자주 일어나는 현상은 아니기 때문에 다음 번에는 기대할 수 없다고 말하고 있는 것과 같은 것이다.

'좋은 그림이지만 색의 균형이 약간 기운다 할까' 이런 말도 순서를 바꿔서 '색의 밸런스가 약간 기울지만 좋은 그림이야. 마음에 뭉클하게 와 닿는 것이 있다' 정도로 표현하는 것이 좋다. 인간이라는 것은 불쾌한 말을 마지막에 들으면 그 인상이 강해서 불쾌한 기분이 마음에 남는다.

때문에 꼭 주의하고 싶은 귀 아픈 말은 처음에 가져가는 것이 좋다. 말의 마지막은 칭찬하는 형으로 매듭짓는 것이 피드백의 기본이다.

미술상을 수상한 경우에 그 결과에 대해 건네주는 말은 아주 간단히 나온다. 문제는 큰 실패를 하였을 때 건네주는 말이다.

축구와 같은 단체 경기를 하고 있는데 오운 골(own goal) 요컨대 자살골을 넣은 아이에 대해서 당신은 부모로서 어떤 피드백을 할 수 있을까. 그 말의 예를 몇 가지 들어보자.

'이번에는 유감이었다. 단념해라'
'괴로워하고 있는 것은 네가 인간으로서 성장하고 있다는 증거다'

'어쩔 수 없지, 이런 일도 있는 거야. 운이 나빴던 거다'

'연습 부족의 결과다'

'이것도 좋은 경험이야'

'끙끙거리지 말아, 다음이 있잖아'

'울고 싶은 대로 울어'

'자, 모두가 있는 곳으로 가자. 다들 기다리고 있다'

어떨까. 부모의 입장으로서 어떤 말을 하면 아이의 적극성을 잃지 않을 수 있을까.

대답은 '괴로워하고 있는 것은 네가 인간으로서 성장하고 있다는 증거다' 라는 말 이외에 모두 아웃이다.

'이번에는 유감이었다. 단념해라' 라는 말을 건네준 사람이 있다면 그 사람의 사고 회로는 너무 단순하다. 제비뽑기를 하고 있는 것이 아니기 때문에 그렇게 빨리 단념할 수 있는 것이 아니다.

'어쩔 수 없지, 이런 일도 있는 거야. 운이 나빴던 거다' 라는 말은 '운'의 탓으로 하려 하고 있다. 그런데 자신의 탓이라고 생각하며 우울해 하고 있는 아이에게 그런 말을 한다면 힘없는 사람에게 재차 타격을 주듯이 '너는 운도 나쁜 인간이다'라고 말하고 있는 것과 같은 것이다.

'연습 부족의 결과다' '이것도 좋은 경험이야' '끙끙거리지 말아, 다음이 있잖아' '울고 싶은 대로 울어'. 이 네 가지 말에는 마음이 전혀 담겨져 있지 않다. 바꿔 말하면 아이에 대해서 그다지 진지하게 생각하고 있지 않은 말이라고 받아들여진다. 아이로서도 자기 나름대로 충분히 연습했을 것이고 이번의 실패는 현재로서는 결코 좋은 경험이라고는 생각할 수 없는 상황에 놓여져 있다.

다음 시합에서도 자살골을 넣어버릴 가능성도 부정할 수 없고 계속 울어본들 아무것도 해결되지 않는다.

'자, 모두 있는 곳으로 가자. 모두 기다리고 있다'라는 말도 모두가 따뜻하게 맞아주면 좋지만 '네 탓이야'라고 태연하게 말하는 동료도 있을 테니 감독이 전원을 단단히 컨트롤하고 나서 합류시켜야 할 것이다.

이와 같이 실패했을 때의 피드백의 표현은 매우 어렵다. 비록 실패해도 다음으로 이어지는 적극성을 유지하게 하는 말을 건네줄 필요가 있다.

상대가 상처 입기 쉬운 나이의 아이라면 더욱 더 실패했을 때 건네주는 말은 신중히 생각해야 하는 것이다.

축적되는 공부법, 곧 잊어버리는 공부법

진정한 지식이나 사고라는 것은 해를 거듭하면 할수록 그 중후함이 늘어가기 마련이다. 해가 경과됨에 따라 그 학습 능력에 연마하지 않으면 진짜 학습을 해 왔다고는 말할 수 없다. 공부하는 방법이 나쁘면 순간적으로는 축적되는 지식력이나 사고력도 어느 날을 고비로 눈사태처럼 지워져 버리고 만다.

공부는 천천히 침착하게 도전하지 않으면 지속적인 효과는 기대할 수 없다. 더구나 그 아이에 맞는 학습법이 아니면 이것 역시 효과는 제로에 가깝다.

예를 들면 한자를 한 글자 기억하는데도 그저 노트에 몇 번 써서 기억하는 아이가 많다 .그러나 한자를 자신의 뇌와 마음에 오래 오래 정착시키려면 그 한자의 어원을 찾아서 우선 의미와 뜻을 이해할 필요가 있다. 그러나 대부분의 아이들은 그와 같은 한자의 학습법으로 공부 하고 싶어하지 않는다. 그 이유는 '귀찮으니까' 이다.

'한자를 일일이 사전에서 어원을 찾고 있으면 시간이 걸려서 아무리 시간이 있어도 부족합니다'

한자의 올바른 학습법을 설명하면 반드시 이와 같은 말이 돌아온다. 한자를 오로지 노트에 써서 몇 페이지나 그것을 반복함으로서 만족하고 끝에 가서는 잊어버리거나 독해나 기술에 활용하지 못하고 있다. '아무리 시간이 있어도 부족하다' 라는 말의 표현은 뒤집어 말하면 '비록 시간이 있어도 하고 싶지 않다' 라는 것을 의미한다.

철저하게 이야기한다

우리의 부모들은 아이에게 안이한 것 같다. 단순히 안이하다면 어쩔 수 없는 부분도 있지만 본래 엄하게 해야 할 상황에서는 안이하고 반대로 온화하게 이야기하면 되는

곳에서는 신경질적으로 꾸짖는 경향이 많다.

18세까지는 부모에 대한 신뢰가 대단히 강하고 아이는 결국 부모를 의지한다. 그러나 아이가 말하는 것을 전부 들어주고 있으면 그 아이의 정신적인 성장을 저해하게 된다.

핀란드의 일반 가정에서는 아이가 '배고프다'고 말하면 본인이 만족할 때까지 뭔가를 먹게 한다. 목이 말랐을 때에도 마찬가지로 좋아하는 음료(몸에 좋은 것)를 많이 마시게 한다.

그 반면 공공의 자리에서 아이가 떠들거나 시끄럽게 굴면 그대로 넘어가지 않는다. 만약 그런 일이 있으면 콘서트 회장에서 음악을 듣고 있는 중이라도 아이의 팔을 잡아서 홀 밖으로 데리고 나온다. 그리고 '왜 조용히 있지 못하는 거야' '이런 태도를 취하려면, 집이나 지키고 있었어야 했어……' 하고 엄하게 주의를 주고 아이 자신의 입에서 납득 가는 설명의 말이 나올 때까지 '이야기'를 한다.

핀란드에서는 아무리 학교에서 우수한 성적을 올렸어도 인간으로서 단정하지 못하면 우수한 인간이라고는 인정하지 않는다는 암시가 있다. 그것이 어렸을 때부터 철저하게 교육시킴으로써 핀란드의 아름다운 자연을 보호해 나가는 것과도 연관되고 있다고 생각한다.

이 핀란드의 '가정교육'에 대해서 현재의 우리는 어떤가 하면 분명히 예전에는 아버지의 존재가 '공포'였기 때문에 아이들은 '일정한 범위'에서 일탈하는 일은 없었다. 그러나 부친의 권한이나 위엄이 상실되고 아이들로부터 '일정한 범위'가 없어지면서 언제라도 멋대로 하고 싶은 대로하는 일상생활이 시작되었다.

"우리 아이가 하루종일 휴대전화만 끼고 지냅니다. 어떻게, 우리 아이에게서 휴대전화를 빼앗아 주세요, 선생님."

"그런데 그 휴대전화 요금은 누가 지불하고 있습니까?"

"제가 내죠."

"그렇다면 해지하면 되지 않습니까."

"그렇게 하면 아이가 화내는 걸요."

"아, 네……."

이것은 실제로 내가 학생의 어머니와 나눈 대화의 일부다. 부모는 아이가 자신을 나쁘게 생각하는 것을 싫어한다. 때문에 무슨 일이 일어나면 학교 탓으로 여긴다. 여기서 분명히 말해 두지만 교육의 기본은 가정에서 만드는 것이다. 학교나 학원의 선생님은 분명히 아이에 대한 영향력을 강하게 가지고 있지만 아이를 기르는 것은 부모이다. 부모가 단정치 못하면 착한 아이가 자랄 리 없다.

'감사합니다' 다음에 마음을 어떻게 표현하는가

내가 보기에는 휴대전화와 아이들의 관계가 나쁜 방향으로 기울고 있는 것 같다.

핀란드인의 경우 휴대전화로 긴 시간동안 사사건건 수다를 떠는 습관이 없다. '이야기'는 간결하고 신속히 상대에게 전달한다. 가족 간의 중요한 '이야기'가 있는 경우에는 '전화가 아니라 얼굴을 보면서 나중에 집에서 이야기하자' 하고 말하게 된다. 노키아를 옹호하는 휴대전화 선진국의 핀란드에 있어서도 중요한 '이야기'는 어디까지나 대면식이다.

요즘 휴대전화의 문자메세지를 주고 받을때 이모티콘을 사용하는 아이들이 많다. 적절한 말을 이야기하거나 쓰거나 하지 못하기 때문에 이모티콘을 이용하는 것이다.

생일 선물을 받고 감사의 메세지를 보낼 때, 아이들의 대부분은 '선물 고마워!'라는 말 다음에 생글생글 웃는 얼굴의 이모티콘을 만들어서 보내는 경우가 많다. 이 현상은 '감사합니다' 다음에 이어지는 말이 생각나지 않기 때문에 일어나는 것이다.

'선물 고마워. 나로서는 평생 잊을 수 없는 소중한 물건이 될 거야. 마음이 담긴 너의 선물에 감동 받았어. 정말로 고마워'

이와 같은 말을 메세지로 보내는 아이는 점점 줄고 있다. 아무것도 아닌 말이며 어려운 말도 사용하고 있지 않은 내용이지만 이 말이 떠오르지 않은 아이들이 많은 것이다.

부모는 아이에 대해서 철저하게 '이야기' 할 필요가 있다. 그런데 핀란드에 있어서의 철저하다는 말은 단지, 힘으로만 강요하는 것 같은 이미지가 아니다.

오히려 우리가 말하는 '집요하게'에 가까울지도 모른다. 그러므로 핀란드인은 이모티콘을 사용하지 않고 자신의 말로써 상대에게 마음을 전달하려고 한다.

아름다운 모국의 말을 올바르게 사용함으로써 서로의 마음이 가까워 진다.

꾸준히 생각하는 것이 논리력과 이어진다

아이라 할지라도 무슨 일이든 이야기를 나누면 알아듣는다. 아니 아무리 사소한 것이라도 이야기해서 알아들을 수 있도록 설명해 주는 것이 부모의 의무이며 교육 지도자의 의무인 것이다. 핀란드에 있어서의 교사는 특수 기술자로서 인정받고 있을 정도로 인간을 교육한다는 것은 그만큼 힘든 일이며 책임이 있는 것이다.

'달리 할 것이 없으니 선생이라도 될까' 라는 교사는 존재하지 않는다. 핀란드의 교사들은 높은 뜻과 신념을 가지고 아이들의 지도에 임하고 있다.

"아이들을 위해 내가 무엇을 할 수 있을지 슈퍼에서 쇼핑하고 있을 때 조차도 생각하고 있습니다."

이것은 핀란드의 초등학생을 지도하고 있는 교사의 말이다. 아마도 이 선생님은 잠자고 있는 동안에도 꿈속에서 아이들을 생각하고 있음에 틀림없다. 실은 논리력이라는 것은 이와 같이 어떤 일에 대해서 24시간 생각함으로써 몸에 밴다. 철저히 생각한 사람만이 얻을 수 없는 것이다. 아이에게 논리력을 익히기 위해서는 우선 지도자의 입장에 있는 부모나 교사 자신이 논리력의 달인이 되어야 한다.

부모가 논리력이 갖추어져 있지 않은 상태라면 아이에게 논리력은 익혀지지 않는다. '이것이 논리다!'라는 대화의 본보기를 자신의 아이에게 지도할 수 있는 것은 부모뿐인 것이다.

논리적으로 생각하는 것의 중요성

논리력을 단련하려면 우선 최대한 집중해서 수학적으로 생각해야 한다. 거기에는 감정의 기복이 들어갈 여지는 일체 없다.

머리라는 것은 24시간 계속 생각할 수 있다. 어렸을 때 그 버릇을 들이면 어른이 되고 나서도 항상 생각을 중단시키는 일이 없다.

그렇기 위해서는 부모 자신도 '정말로 쓸데없는 시간'과 '의미가 있는 쓸데없는 시간'을 분명히 의식할 필요가 있다. 정말로 쓸데없는 시간이란 단지 멍하니 있어서 아무것도 생각하고 있지 않는 시간을 말한다. 그에 반해 의미가 있는 쓸데없는 시간이라는 것은 외관적으로는 멍하니 있지만 머릿속은 집중하고 있어서 중요한 사항에 대해서 생각을 하고 있는 상태를 의미한다.

어느 쪽이나 타인이 보는 눈은 변하지 않으니까 외관적으로는 단지 멍하니 있는 것처럼 보인다.

전자 레인지를 응시하고 있는 일은 없는가. '앞으로 1분이니까 여기서 기다리고 있자' 하고 전자 레인지를 응시하며 사고를 정지하고 있을 때가 당신에게 있었다면 그것은 정말로 쓸데없는 시간을 보내고 만 것이다.

'겨우 1분 정도인데 뭐 어때'

감정에 맡겨서 그런 말을 하는 사람도 있다.

그러면 이에 대해서 논리적으로 설명하기로 하자.

전자 레인지 앞에서 요리되는 모양을 아무 사고도 하지 않고 단지 멍하니 응시하고 있는 시간이 하루에 1분 있었다고 하면 1년에 365분의 쓸데없는 시간을 보내는 셈이 된다. 시간으로 약 6시간. 당신은 1년 중 아무것도 생각지 않고 그저 멍하니 있는 쓸데없는 시간을 6시간이나 만들어버리는 셈이 되는 것이다.

그런데 전자 레인지 앞에서 학원에서 풀지 못했던 산수 문제를 생각하고 있는 아이가 있었다고 한다면 그 습관을 익힌 그 아이는 1년에 6시간이나 산수 문제에 도전한 셈이 된다.

하루에 단지 1분. 그러나 단지 그 1분이 1년에 다른 아이보다 12시간이나 되는 차이를 내고 의미 있게 보낼 수 있는 결과를 초래한다.

'그거 12시간이 아니라 6시간이 아닙니까' 라는 의문이 당연히 생기는데 논리력으로는 12시간이 된다. 1분을 쓸데없이 보낸 아이와 그 1분을 의미 있게 보낸 아이와의 차이는 2분이 된다. 그 2분의 차이가 1년이 계속되었다면 약 12시간의 차이가 나는 셈이 된다.

같은 학원에 다니고 있는데 우리아이는 다른 아이와 비해서 성장하지 않는다는 것은 여기에 원인이 있다고 생각해도 틀림없다. 학원에 1주일에 3일 다니고 있고 하루 2시간씩 수업을 받고 있다면 단지 멍하니 있는 아이는 1년에 3만 7440분의 막대한 시간의 차이가 나버리는 셈이 된다. 시간으로 하면 624시간이 된다. 그만큼 능력의 차이가 벌어지기 때문에 테스트의 성적이 좋을 리 없다.

논리력과 사고력이라는 것은 이와 같이 단지 당치도 않은 이유를 내세우는 화술을 의미하는 것이 아니다. 우리가 생각할때 논리라고 하면 곧 머리 좋은 학자의 이야기처럼 생각되기 쉬운데 핀란드의 논리력과 사고력은 잘 생각해 보면 당연한 것을 숫자나 도표로 표현하여 간결하게 이해하는 것을 의미하고 있다.

우리의 아이들에게도 이 핀란드식 논리력과 사고력의 습관을 익혀서 의미 있는 시간을 보내주기 바란다.

어떻게 논리와 감정의 밸런스를 잡을 것인가

　최근 논리력과 사고력이 비즈니스의 세계에서 활발히 제창되고 있는데 비즈니스 이전의 학교 교육에서도 논리적 사고가 중요하다는 풍조가 일고 있다. 논리력과 사고력은 분명히 필요한 것이며 비즈니스를 비롯하여 여러 가지 상황에서 도움이 될 것임에 틀림없다.

　그러나 아이에게는 넘칠 듯한 감정이 존재한다. 어른은 그 감정이 연령과 더불어 약해지게 되거나 감정을 억제하여 컨트롤하는 기술을 익히고 있지만 아이들은 자신의 감정을 제어할 수 없다.

　때문에 아이는 한 번 넘쳐 나온 감정을 억제할 수 없어 큰소리로 울거나 얼굴을 새빨갛게 하고 화내거나 하는 것이다.

　'아이는 몇 살까지 아이인가' 라는 의문이 부모의 머리

를 스쳐 갈 때가 있다.'

대체로 25세 정도까지 아이라고 생각하고 있는 것이 좋다. 20세를 지나면 이미 훌륭한 어른이라고 생각하는 것은 큰 잘못이다. 제일 위험한 사상을 갖는 연령의 경우 20세~25세 사이다. 이 5년 동안에 아이에서 어른으로 바뀌기 때문에 정서가 불안정해지기 쉽다. 그 기간에 터무니없는 길로 빠져버리는 젊은이도 있다.

물론 개인 차이도 있지만 우리의 초등학생은 감정 8에 대해서 논리력과 사고력이 2라는 비율로 매일의 생활을 보내고 있다고 생각할 수 있다.

핀란드의 아이들의 경우는 감정 5에 대해서 논리력과 사고력이 5라는 비율을 가진다. 핀란드의 아이들 쪽이 대단히 균형 잡힌 상태라고 말할 수 있다.

사실, 감정과 논리라는 이 두 가지는 자석의 N극과 S극과 같은 존재이다. 감정에 대해서 감정으로 맞서면 반드시 거기에 반발의 에너지가 생기고 만다. 그와 마찬가지로 논리에 대해서 논리로 대항하려고 하면 역시 반발의 에너지를 발생시켜서 그 논의는 열기가 차고 넘치는 상태가 되고 만다.

'농담이 아냐, 어떤 분이라고 생각하는 거야!' (감정)

'시끄러워, 멍청아!' (감정)

감정과 감정이 계속 서로 맞부딪치면 않좋은 문제로 발전할 가능성이 있다.

'나의 인생은 전부 당신을 위해 있는 게 아냐' (논리)

'하지만 그 아이를 낳은 것은 어머니이니까 중대한 책임이 있을 것이다' (논리)

그렇다고 이런 논리를 계속 주고받으면 가정의 내부 붕괴가 가까워진다.

감정도 논리도 그 어느 쪽으로 치우쳐서는 안 된다. 아이에게는 부모의 애정이 많이 필요한 것이다.

비즈니스의 세계에서도 논리적 사고에 치우쳐 버린 인간들이 많은데 그로인해 탄식하는 경영자는 늘고 있다. 좀 더 인간적인 감정을 가지고 있는 인재가 필요하다는 소리가 많다.

논리력과 사고력을 익히게 하는 것은 대단히 중요한 것이지만 아이에게 있어서는 감정이 우선하기 때문에 그 밸런스를 확인하고 교육하는 것이 요망된다.

적극적인 사고가 마음의 풍족함과 이어진다

'우리나라의 아이들은 아이들답다.'

괜찮은 표현처럼 들리는것 같지만 아이를 가진 부모들 중엔 적지 않게 언짢은 감정을 느끼는 분도 있을 것이다. 그러면 다음과 같이 표현했다면 어떨까.

'우리의 아이들은 정말로 아이다운 아이다.'

이 표현이라면 왠지 모르게 순수한 아이의 좋은 면을 표현하고 있는 것처럼 느껴지니 이상하다. 이와 같이 표현 하나로 상대에게 전해지는 인상이 상당히 달라지게 된다. 아이들의 하고자 하는 적극적인 마음의 문을 여는 것도 실은 아무렇지도 않은 말의 사용법에 그 열쇠가 숨겨져 있는 것이다.

핀란드의 부모와 자식은 휴일에 숲으로 들어가는 경우가 많다.

배낭에는 과자와 음료수를 가득 채우고 간다. 아이들은 눈을 반짝이며 숲 속을 산책하고 나무 열매를 따기도 하고 예쁜 잎을 줍거나 한다.

"엄마, 물통의 음료수가 벌써 절반이 줄었어. 절반밖에 없어요."

아이가 걱정스럽다는 듯이 말한다.

핀란드의 어머니, 아버지는 이와 같이 말한 아이의 말을 반드시 정정한다.

"절반 밖에가 아니라 절반이나 있잖아."

대수롭지 않은 말씨의 차이지만 마음의 풍족함에 차이가 난다.

'아이고, 난 이번 생일이면 40세야. 벌써 인생의 절반이 지나버렸어. 이제 끝이네'

실로 부정적인 사고지만 대부분의 사람이 이와 같이 말하거나 생각하고 있는 것이 사실이다. 어른이 이렇게도 부정적인 사고를 가지고 있다면 아이에게 그것이 옮겨져도 어쩔 수 없다.

'나는 금년에 40세를 맞는데 인생의 나머지는 아직 절반이나 있어. 지금까지 축적한 지식과 지혜를 마음껏 발휘해

서 나머지 절반의 인생을 남에게 도움이 되고 희망에 찬 인생으로 살아가고 싶어'

인생을 절반 산 시점에서 초조감과 절망감을 맛본다.

인생을 절반 지난 시점에서 지금까지의 그 이상으로 희망을 안고 산다.

어느 쪽이나 논리적으로는 올바른 생각이다. 그러나 활력이 넘치고 있는 사고는 누가 보더라도 후자 쪽이다.

아이들에게는 이 활력이 넘치는 사고가 필요한 것이다.

이 활력이 넘치는 사고는 아이의 능력을 성장시키는 에너지의 원천이 된다. 전 세계의 아이들에게 공통되는 교육 철학인 것이다.

이러한 아이의 능력을 성장시키는 사고는 어른들이 항상 마음속에 가지고 있어야 한다. 인간은 자신에게 없는 것을 남들에게 줄 수 없기 때문이다. 따라서 부모를 비롯한 어른들은 인생에 대해서 항상 적극적으로 살아가는 자세를 가지고 그것을 아이들에게 본보기로 보여주어야 한다.

마음의 풍족함과 결부되고 사람의 마음을 감동시키는 강력한 논리력으로 발전하는 사고의 이치를 익히는 것이 된다.

아이가 우는 진정한 이유

아이는 걸핏하면 운다. 그러나 그것은 당연한 행위다. 어른은 '뭘 그렇게 홀짝홀짝 우는 거야?' 하고 꾸짖지만 자신이 어렸을 때 셀 수 없을 정도로 운 것을 완전히 잊고 있는 것이다.

그러나 아이가 우는 이유의 대부분은 '커뮤니케이션을 바라는 경우'이다.

'오빠(언니)는 교활해!'

이런 말을 하고 우는 아이는 많다. 이것은 정말로 오빠나 언니를 교활하다고 생각하고 울고 있는 것이 아니라 어머니나 아버지에게 자신 쪽을 돌아봐 달라는 것을 표현하기 위해 울고 있는 것이다. 자신에게 좀더 마음을 써달라, 자신과 좀더 이야기해 달라, 자신을 껴안아 달라는 이유로 우는 것이다.

우리는 아이를 위로하는 말에 대해서 잘 모르는 경우가 많다. 아이가 울고 있어도 어떻게 말을 걸어야 할지 모르기 때문에 그만, '뭘 그렇게 훌쩍훌쩍 울고 있는 거야!' 하고 심한 말을 해버린다.

아이가 울고 있을 때는 어깨에 손을 대거나 머리를 쓰다듬는 것과 같은 스킨십을 하면서 마음이 침착해지는 말을 해보자. 그렇게 하여 '아버지,어머니와 자신은 이어져 있다' 라는 의식을 강하게 심어 주고 안정된 마음을 갖을수 있도록 해 주는 것이다.

아이는 잠자고 있는 동안에도 생각한다.

인간의 잠에 대해서는 아직 과학적으로 해명되어 있지 않다. 잠을 잔다는 행위와 뇌의 기능에는 깊은 관련이 있다고 말하고 있다. 뇌의 중량은 그 인간의 체중의 2퍼센트 정도밖에 없지만 뇌의 에너지 소비량은 몸 전체의 20퍼센트에 달한다.

우리는 평균적으로 하루에 어느 정도 자고 있을까. 미국과 유럽의 평균수면 시간은 하루에 약 8시간 정도이다. 정확히 말하면 8시간 이상 자고 있는 사람이 대부분이다. 육식동물인 사자는 하루의 대부분을 잠에 소비한다고 한다. 고기를 많이 먹기 때문에 수면 시간이 많은 지도 모른다.

그런 미국과 유럽의 사람들과 비하면 우리의 수면 시간은 극단적으로 적다고 생각할 수 있다. 하루에 몇 시간밖에 잘 수 없다는 말을 자주 듣는다.

실제로 몸의 피로나 뇌의 피로는 하루에 8시간 정도 사지 않으면 회복되지 않는다 .하루는 24시간밖에 없기 때문에 그 3분의1을 잠에 소비한다면 인생의 3분의1은 잠자고 있는 셈이 된다. 90세까지 산다면 30년 간은 잠자고 있는 셈이 된다. '그건 너무 아깝다' 라고 생각하는 사람도 있을 것이다. 하지만 정말로 아까운 것일까. 폭신폭신한 이불 속에 들어가서 잠드는 것을 상상해 보면 잠잔다는 행위가 얼마나 호사하고 행복한 시간 인지를 알 수 있다.

많이 잠잘 수 있다는 것은 행복한 것이다.

잠자는 시간이 적어지면 사고나 업무상의 실수가 잦아지게 된다는 통계가 있다. 잠은 뇌 속의 기억 조정, 호르몬 조정, 면역력의 회복 등을 하기 위한 환경을 만들어 내고 있다. 우리아이들을 포함한 2퍼센트의 인구가 수면에 문제가 있다고 지적되고 있다.

그 문제의 대부분이 수면 부족에 관한 것이다. 수면이 부족하면 일이나 공부, 친구 관계에서 문제가 생기고 균열을 낳는다. 그렇게 됨으로써 점점 고민하여 잠들지 못한다는 악순환을 일으킨다. 최악의 사태인 것이다.

올바른 잠의 리듬을 갖추고 충분한 수면을 취할 수 있도록 궁리하자.

그리고 그 수면 중에도 일을 하거나 공부를 하거나 할 수 있다. 실은 수면 중에도 뇌의 여러 가지 부분은 일어나 있을 때와 똑같이 계속 일하고 있다는 것이 최근의 연구에서 밝혀졌다. 낮에는 아무리 해도 풀 수 없었던 문제를 자기 직전까지 생각하고 그것을 옮겨 쓴 종이를 베개 밑에 넣거나 손에 쥔 채 잠듦으로써 기적은 일어난다. 다음 날이 되어 눈을 뜨니 믿을 수 없게도 그 문제의 해답이 막힘 없이 머리에 떠오른다 .

이와 같은 것은 적극적인 일상의 행동에 의해서 실제로 현실로 일어나는 것이다.

나 조차도 아침에 일어나 보니 좋은 아이디어가 떠올라서 일이 순조롭게 진행된 경험을 셀 수 없을 정도로 겪고 있다. 학생 시절에도 아무리 해도 풀 수 없는 문제를 식사 때도 화장실에 갈 때도 몸에서 떼지 않고 가지고 다니며 계속 생각하고, 그런데도 풀 수 없어서 그대로 자고 말았더니 아침에 눈을 뜨고 완전한 해답이 갑자기 머리에 떠오르는 적도 있었다.

충분한 수면을 취하고 적극적으로 행동하는 생활 습관을 아이에게도 철저히 하게 하면 모든 아이들에게 반드시 기적이 일어난다.

아이의 재능을 키우려면

아이를 가진 부모라면 누구나 자기 아이의 재능을 키워주고 싶을 것이다. 장래를 풍족하게 보낼 수 있는지 여부는 그 재능이 발휘될 것인지 어떤지에 달려있기 때문이다.

인간에게는 우수한 재능이 누구에게나 두 가지 정도가 갖추어져 있다고 한다. 아이들에게 장래에 무엇이 되고 싶은지 설문조사를 했더니 그 대답으로 남자아이는 '야구선수, 축구선수' 여자아이는 '선생님'이 많았다.

그런데 인간에게 갖추어져 있는 두 가지 재능은 각각 다르다. 설문조사에 대답한 아이들 중에도 축구선수로서의 재능을 가지고 있는 아이가 있을지도 모른다. 그 아이는 장래에 되고 싶은 것과 자신의 잠재 능력이 일치하고 있기 때문에 축구선수로의 길을 걷게 될 것이다.

그런데 어떤 아이는 '요리사'로서의 재능을 가지고 있

다. 그밖에도 '화가' '피아니스트' '조각가' '레이서' '테니스 플레이어' 등 장래의 직업은 셀 수 없을 정도로 있다. 그 많은 직업 중에서 세계 최고로 뛰어오를 수 있는 재능을 두 종류씩 모든 아이들이 가지고 있는 것이다.

'우리 아이에게는 세계 최고가 될 수 있는 재능 같은 것은 절대로 없어요'

이 같은 사고방식은 절대로 안 된다. 자기 아이의 가능성을 부모가 부정하고 있다.

핀란드의 부모는 '노력하면 무엇이든 할 수 있다' 라고 아이에게 말한다. 모처럼 재능이 갖추어져 있어도 그 재능을 발휘할 수 있는 직업을 만날 수 있는 기회가 없으면 그 재능을 꽃피우지 못하고 인생을 마치게 된다.

그것은 너무 슬픈 일이 아닌가. 아이의 재능을 키울수 있는 유일한 존재는 부모뿐이다.

아이는 감성이 강하기 때문에 가끔 헛소리처럼 '저거 해 보고 싶다' '나도 할 수 있을 것 같아' 하고 말할 때가 있다. 그것을 들은 어른은 '네게는 무리야' 하고 즉석에서 잘라버린다.

아무렇지도 않은 일상 대화이기 때문에 그런 대화를 나

눈 것조차 서로 잊고 있는지 모르지만 거기에 아이의 재능의 힌트가 숨겨져 있는 경우가 많다.

'저거 해보고 싶어' 하고 아무렇지도 않게 아이가 말하면 '그럼 한 번 해 볼까' 라는 적극적인 말을 아이에게 건네주는 것이다.

'정말? 그럼 나 해 볼래' 하고 눈을 반짝이면서 말한다면 그것이 아이가 갖는 재능의 하나일지도 모른다. 물론 실제로 그것을 해 보고 오래 계속하지 못하는 경우도 있다. 그 경우에는 잇따라 새로운 것에 도전해 나가야 한다. 그러나 그것을 계속하려면 돈도 들 것이고 부모의 끈기도 상당히 필요하다.

하지만 그렇게 해서 부모와 자식이 함께 전략적인 인생의 자세를 가지면 아이의 재능은 5년도 채 못되어 반드시 발휘된다. 도전하기도 전에 단념해 버리는 부모도 많은데 그 때가 찬스인 것이다. 수동적인 인생을 보내고 있는 사람이 많다고 한다면 부모와 자식이 힘을 합쳐서 적극적으로 인생을 공략함으로써 다른 사람들 모두를 젖혀놓고 빛나는 미래를 잡을 수 있는 것이다.

이것은 '자신만 좋으면 된다' 는 생각에 의거하는 것이 아니라 경쟁의 원리에 의거한 노력의 승리를 의미한다. 부모와 자식이 함께 목표를 향해 노력하여 행복을 잡는다. 이것은 당연한 것이다.

아이를 적극적으로 움직이게 하려면 우선 부모에게 적극적인 자세가 갖추어져 있을 필요가 있다.

'노력하면 무엇이든 할 수 있다'

이 마음을 부모와 자식이 함께 갖고 전략적인 인생을 보내도록 하자.

제 5 장

아이의 잠재능력

핀란드식 교육법이 증명한
말과 학력의 깊은 관계

국어 실력은
모든 학력으로 통한다

모든 학력의 바탕이 되는 것은 국어이다.

지식을 흡수할 때도, 사고를 구사할 때도 사람은 말에 의해 정보를 얻거나 생각하거나 한다. 문화나 역사 등을 배우려면 국어가 불가결하며 올바른 국어를 자유자재로 구사할 수 없는 한, 뇌와 마음의 성장은 없다. 올바른 국어란 올바른 국어 실력을 가지고 있는지 없는지 그것이 기준이 된다.

핀란드에서도 모국어인 핀란드어를 세계에서 제일 우수

한 말로서 위치를 차지하고 학교의 수업에서는 가장 중시하고 있다. 핀란드어는 핀란드 국민 530만 명 모두가 일상 생활에서 이야기하는 중요한 말이다. 그러므로 핀란드에서는 핀란드의 역사와 더불어 학교에서도 가정에서도 아이들에게 무척 신중하게 가르치고 있다.

내가 아는 한 여성은 핀란드어에 흥미를 가지고 그것을 연구하기 시작하여 핀란드어를 순식간에 습득해버렸다.

그녀는 국어에 관해서도 상당한 실력의 소유자이며 그녀가 말하는 국어는 매우 아름답다. 올바르고 아름다운 말을 구사하는 사람이 영어나 기타 외국어를 습득하기 위해 소비하는 시간은 짧다. 이상한 일이지만 올바른 국어 실력을 가진 사람은 전 세계의 온갖 말을 매우 효율적으로 배울 수 있다는 공통점이 있다.

과학자나 수학자라 해도 그들의 국어 실력은 대부분 뛰어나게 우수하다. 그런데 그것은 잘 생각해 보면 당연하다. 두꺼운 연구 데이터에 쓰여진 내용을 확실히 이해하는 국어 실력이 없으면 훌륭한 연구가는 될 수 없기 때문이다.

자신이 발견, 발명한 사항에 대해서도 뉴턴의 사과와 같은 힘이 있는 에피소드를 창작하지 않으면 화제에도 오르지 못한다.

나는 지금까지 일류 화가나 사진작가, 배우, 가수 등등 여러사람들을 많이 만나서 이야기 한 적이 있지만 모두들 훌륭하고 임팩트 있는 이야기를 잇따라 한다. 말 하나하나마다 발음도 정확하고 이야기 내용도 매우 재미있어서 많은 도움이 되었다. 개중에는 세계적인 스타도 있었다. 그 사람도 화제가 풍부하고 마음에 남는 이야기를 상당히 많이 가지고 있었다. '세계에서 일류쯤 되면 역시 대단하구나' 하고 감탄하며 이야기를 듣고 있었다.

정부에서는 초등학교 때부터 영어 수업을 본격적으로 도입해서 영어 실력의 강화에 주력해 나간다는 교육방침을 내 놓았다. 그러나 아마도 실패하게 될 것이다.

국어도 제대로 이야기하지 못하고, 쓰지 못하는 상태에서 영어를 함께 배운다고 하니 제대로 될 리가 없다. 현재의 우리 언어는 '국어' '한자' '영어' '외래어' 가 뒤섞여서 구성되어 있는데 우선 기본 토대가 되는 국어를 정확히 구축하지 않고서는 평생 올바른 언어는 익히지 못한다.

말의 습득 시기는 태어났을 때부터 12세까지가 절정이기 때문에 그 12년 동안에 국어 실력의 기초를 철저히 익혀

두지 않으면 어른이 되고서는 늦어지고 만다.

핀란드의 독립 선언, 링컨의 노예 해방 선언, 연인과의 프로포즈, 만남과 헤어짐, 장례…….

거기에는 항상 말이 있다. 사람들의 마음에 남는 말을 이야기하거나 쓰거나 하기 위해서는 올바른 국어실력이 필요하다.

아무리 영어가 숙달되어 있다 해도 국어로 말하는 농담이 보잘것없다면 영어로 이야기하는 내용도 뻔한 일이다. 그와 반대로 국어로 사람의 마음을 끄는 매력적인 이야기를 할 수 있으면 영어로 이야기하는 내용도 매력적으로 될 것이다.

진짜 국어 실력의 습득에 의해 아이들의 미래는 보다 밝고 넓어질 것이며 그 가능성은 무한한 것이 될 것이다.

책을 읽는 것만으로는 머리는 좋아지지 않는다

이야기나 소설 등을 읽는 것은 질 높은 상상력이나 공상력이 요구된다.

현재 학교 수업에서 하고 있는 음독의 효과를 생각해 보

자. 학생을 한 사람씩 세워서 큰 소리로 국어 교과서의 문장을 읽힌다. 거기에 무슨 의미가 있을까.

이유도 없이 많은 책을 사서 주는 부모도 있다. 많은 책을 읽으면 그저 그냥 대충 익혀지기 때문에 초등학교 5학년의 여름 정도까지는 학원의 테스트에서도 그저 그런 점수를 얻을 수 있을지도 모른다. 그러나 거기서 끝이다.

진정한 국어 실력은 말 하나하나를 신중하게 이해함으로써 익혀지는 것이다. 국어와 마찬가지로 세계적으로 난해한 언어라고 하는 핀란드어를. 그들은 하나, 하나의 말을 중요시하여 그 말의 배경지식을 반드시 가르친다.

핀란드의 아이들도 책을 대단히 좋아한다. 모든 아이들이 책을 읽지 않는 날이 없을 정도이다. 그리고 핀란드의 아이들은 자신이 읽고 있는 책 속의 말에 의문이 있는 경우 인터넷이나 사전을 사용하여 자신이 납득할 수 있을 때까지 찾는다. 때문에 그들은 많은 책을 읽기보다 좋은 책을 주의 깊게 그리고 신중하게 읽는데 주력한다.

핀란드의 아이들은 그렇게 하여 세계 제일의 학력을 얻었으니 그 학습법은 누가 뭐라 해도 옳다고 생각해야 할 것이다.

아이에게는 의미 없는 '속독술'

나의 국어 전문 학원에 이런 학생이 찾아왔다.

"이 아이는 유명한 속독 학원에서 최고 수준이었어요. 다른 아이와 실력 차이가 너무 심하게 나서 여기를 소개받고 왔어요."

어떤 학생이리도 클래스에 자리가 있으면 받아들이는 것이 나의 신념이었기 때문에 그 아이를 여유 있는 클래스에 넣기로 결정했다.

그 아이는 분명히 무엇이든 알고 있었다. 그러나 단지 알고 있는 것이 많을 뿐 '지식 밖에 모르는 사람'이었다. 그리고 그 지식도 범위가 좁다는 것이 서서히 밝혀졌다.

예를 들면 '봄의 향연'이라는 말이 나왔을 때 '향연이란 뭐지?' 하고 학생들에게 물으면 그 아이는 손을 번쩍 들어서 '파티!'라고 즉시 대답했다. 상당히 좋은 해석이었다.

'그러면 파티에서 어른이 마시는 것은 뭐지?' 하고 묻자 '술' 하고 다른 학생이 대답했고 잠시 사이를 두고 '샴페인!' 하고 그 아이가 대답했다. 다른 학생들은 '과연~' 하고 감탄했다. 그러나 나는 그것을 부정한다.

'봄의 향연은 예전 우리나라의 이야기이기 때문에 향연에서 어른이 마시는 것은 전통 술이야. 옛날에 우리는 샴페인 같은 것은 마시지 않았으니까 말이야'

그 아이는 약간 뾰로통한 표정으로 나를 본다.

그 아이는 머리 속에서 '향연'이 그림으로 이미지 되어 있지 않기 때문에 우리나라의 '향연'이 보이지 않는 것이다. '향연'과 '파티'를 동의어라고 생각하고 있기 때문에 그로서는 '신데렐라의 무도회'와 같은 이미지일 것이다.

며칠 후 다시 그 아이의 어머니가 찾아왔다.

"우리 아이가 이렇게 두꺼운 책을 단 하루만에 다 읽었습니다." 자랑하듯 어머니는 말했다

그래서 나는 그 어머니에게 이해할 수 있도록 설명했다.

'어머니는 감동적인 영화를 4배속으로 보십니까?"

"네? 영화를……? 그, 그것은 그런 속도로 보면 감동할 수도 없어요."

"맞습니다."

그 어머니는 갑자기 생각에 잠기더니, 그 자리를 떠나가 버렸다.

그 아이에게는 사람의 마음을 헤아리는 상상적인 독해력과 기술력이 전혀 없다고 할 정도로 결여되어 있었다. 그러나 단편적인 지식만은 가지고 있었다. 틀림없이 그림과 말로 여러 가지 것들이 쓰여진 카드로 재빨리 암기한다는 플래시(flash) 공부법을 계속하고 있었던 것 같다. 그리고 책을 빨리 읽는 연습을 계속해 왔음에 틀림없다.

덕분에 지식에 의해 계통화 된 아이의 머리 속을 사고 중심의 동작으로 바꾸는데 3개월 이상 걸렸다.

그러나 그 아이도 어머니도 아주 순수한 마음의 소유자였기 때문에 진정한 국어의 공부법에 대해서 정중하게 설명하자 '네, 알겠습니다' 하고 곧 실행에 옮길 수가 있었다. 이후에 그 아이의 머리와 마음에는 어린이다운 감정과 풍부한 상상력이 펼쳐지기 시작했다.

한 권의 책을 완전히 음미하는 중요성

  속독만큼 위험한 것은 없다. 순수한 사람일수록 극단적인 학습법을 만나게 되면 그 강렬함에 세뇌되어 점점 이상한 방향으로 가버리는 것이다.

  진정한 작가는 몇 년씩 걸려서 한 권의 책을 쓴다.

  그 책을 단 하루에 전부 이해한다고 하는 것은 대단히 우쭐해하는 사고방식이 아닐까. 이와 관련해서 나는 한 권의 책을 읽는데 아무리 빨라도 2주일은 걸린다. 그러다 보니 지금까지 그다지 많은 책은 읽지 않았다.

  하지만 지금까지 읽은 책 모두가 마음 속에 새겨져 있어서 그 감동은 언제라도 꺼낼 수 있다. 나는 그것을 만족하고 있다.

  마찬가지로 핀란드에서는 책을 천천히 침착하게 읽는 사람이 많다. 겨울의 난로 앞에 웅크려 앉아서 한 권의 책을 보물처럼 소중히 읽는다. 책의 표지는 너덜너덜 하다.

'이거 좀 봐, 이 부분 정말 대단해. 마법에 걸린 주인공이 적의 성에서 탈출하는 거야. 몇 번 읽어도 흥분된단 말이야'

그녀는 그 페이지를 응시하면서 마치 자신이 빗자루를 타고 하늘을 날고 있는 것 같은 얼굴을 한다. 그녀의 뇌와 마음에는 도대체 어떤 풍경이 펼쳐지고 있을까.

어른이 되고 나서 두꺼운 자료를 신속히 읽고 이해해야 한다고 하면 속독도 도움이 될지도 모른다. 그러나 적어도 지금의 아이들에게는 필요 없는 것이다.

정상적으로 꾸준히 읽는 습관. 그것이 최고의 독서법인 것이다.

만화는 최고의 학습 아이템

우리에게는 '만화는 나쁘다' 라는 개념이 있다.

만화를 읽으면 바보가 된다고 믿고 있는 부모도 많이 있다. 또 그와 같은 부모는 좋은 책을 많이 읽으면 머리가 좋아진다고 믿고 있다. '그러나 본래 책을 읽는다는 작업은 영상을 수반하는 것이다.

'신록의 나뭇잎 사이로 비치는 햇볕 속을 소녀는 달린다. 그 모습은 봄이 찾아왔음을 전하는 종다리와 같이 발랄하고 경쾌했다'

이와 같은 이야기의 부분을 읽었을 때 '신록', '나뭇잎 사이로 비치는 햇볕', '종다리'의 세 영상과 소리가 컬러풀하게 머리 속에 구축되고 비로소 책을 읽는 의미가 나오게 된다. 진짜 '신록'의 빛도 실제의 '나뭇잎 사이로 비치는 햇볕'의 모습도 '종다리'의 우는 법이나 날아다니는 법도 모르는 인간이 이 문장을 아무리 반복해 읽어봤자 의미는 없다. 자신의 눈과 귀와 몸 전체로 체험한 '정보'가 많으면 많을수록 책을 읽을 때 비로서 상승효과를 얻을 수 있다. 그런 점에서 만화는 항상 영상을 수반하고 있기 때문에 마음 속에서 의사 체험을 할 수 있다.

'나뭇잎 사이로 비치는 햇볕'을 몰라도 만화에 의해 그것을 체험하면 언젠가 숲 속에서 그와 같은 풍경을 만났을 때 '이것이 나뭇잎 사이로 비치는 햇볕이다?' 하고 확인할 수 있다. 지금의 아이들은 자연과 접할 체험이 이상할 정도로 적기 때문에 만화에 의해서 먼저 어느 정도의 정보를 얻는 것은 의미 있는 학습 방법이라고 말할 수 있다.

핀란드인은 정의와 용기, 사랑을 테마로 한 만화를 좋아하는 것 같다. '만화를 읽으면 상상력이 단련된다. 게다가 핀란드의 카르타식 학습법과 만화는 비슷하다' 고 그들은 말한다.

아이들에게는 어중간한 만화를 읽는 것 보다는 양질의 만화를 읽혀야 한다.

좋은 만화를 많이 읽고 나서 레벨이 높은 소설을 읽으면 자연히 머리와 마음에 스며들게 된다. 만화는 아이들에게 있어서 최고의 학습 아이템인 것이다.

세계에서 주목되고 있는 한자

뉴욕의 한 마을에 젊은이들이 모이는 한 술집에서 일어난 일이다.

지금 미국과 유럽에서는 우리의 상상을 초월한 한자 붐이 일어나고 있으며 몸의 여기저기에 한자 문신을 하는 것이 유행하고 있다.

'레이(麗)' 라고 문신하고 있는 사람('그 때 사귀고 있던 여성의 이름' 이라고 한다), '무도(武道)' 라는 말을 넣고 있는 사람('나는 동양무술을 좋아하기 때문에'라고 한다)이 있거나 한다.

 그 중에서 특히 내 눈을 끈 것은 얼굴에 기관총을 맞은 것 같이 많은 피어싱을 한 사람이었다. 그는 두 팔에 큼직하게 '전력(電力)'이라는 문신을 하고 있었다. 나는 조심스럽게 팔에 그려진 '전력'에 대해서 질문했다.

 "왜 전력이라는 말을 넣었습니까?"
 "우선 모양이 좋고 게다가 의미가 힘차서 에너지를 느껴, 멋지잖아. 나는 번개를 좋아해. 너무 신비적이고 환상적이면서 소리를 동반하여 사람들에게 공포를 주거든. 그것은 이상한 존재야. 그렇게 생각하지 않아?"
 "……."
 나는 그의 말에 약간 충격을 받았다. 처음 그의 팔에 그려진 문신을 보았을 때 이상하다는 생각이 들었었는데 그의 이야기를 듣고 있는 사이에 사실은 그 미국인 쪽이 '전력'이라는 한자의 의미를 깊이 이해하고 있어서 자신의 것으로 만들고 있다는 것을 알았다.

다시 그의 문신에 눈을 돌렸다.

'전력'이라는 말이 반짝반짝 빛나 보였다.

최근에는 휴대용 전자제품으로 영어나 국어, 수학 등을 학습하고 있는 아이들도 많은것 같다. 그들은 그 나름대로 노력하고 있는 것이며 나는 그들의 학습법을 부정하지는 않는다. 그러나 거기에는 펜을 정확히 잡는 감촉이나 종이의 뭐라고 할 수 없는 향기와 커피를 흘렸을 때의 얼룩 등의 쓸데없는 것이 일체 없다.

쓸데없는 것이 얽혀 있으면 있을수록 그 기억은 깊어진다. 휴대용 전자제품의 학습은 어딘가 바둑판 무늬가 그려진 노트에 단순히 똑같은 글자를 계속 쓰는 작업과 비슷한 것 같은 느낌이 든다.

이전에 어떤 유명한 작가가 '공부하면 할수록 바보가 되는군' 하고 이야기한 것이 생각난다.

'공부를 하면 할수록 바보가 된다.' 정말로 무서운 말이 아닌가.

수업에 뒤쳐지는 아이가 없는 클래스

솜씨 좋은 학원 교사라면 아마도 중학교 1학년의 영어 프로그램을 매일 1시간의 지도로 1개월정도 부지런히 하면 중학1학년에서 배우는 내용을 완전히 마칠 수 있을 것이다. 그 만큼 학교의 교육 프로그램은 틈이 많은 것이다.

그러나 내용이 없는 프로그램도 따라가지 못하고 수업에 뒤쳐지는 학생은 꼭 있기 마련이다. 학생의 하고자 하는 마음에도 기인하겠지만 내가 보건대 교사의 지도력 부족이 원인이라고 생각할 수 있다.

이런 말을 하면 반드시 '학생 전원에게 똑같이 학력을 익히는 것은 불가능할 것이 뻔하다' 라는 반박이 나올 것이다. 그러나 그것은 불가능하지 않다. 그러려면 우선 현재의 학습 교재에서 프로그램까지 분별력 있게 전부 개선할 필요가 있다. 더구나 교사의 교육과 그들의 열의의 육성이 담긴 프로그램이 없어서는 안 된다.

그런데 교육의 현장에 접하지 않은 공무원이 모든 것을 좌지우지하는 이상, 영원히 그와 같은 개혁은 불가능하다고 말할 수 있다. 아이에게 아무것도 가르친 적이 없는 인간이 아무리 잘난 체하여도 소용없다.

그리고 더구나 교사 교육의 육성에서 그 교사들의 자질과 관련된 문제도 있다. 교사 지망자에 대해서 균일한 교육, 육성을 해도 무의미일지도 모른다. 교재 같은 제재가 아무리 좋은 것이라도 그것을 구사하는 프로그램의 질이 나쁘면 그다지 큰 효과는 얻을 수 없다. 교육은 하드와 소프드의 밸런스가 잘 잡혀 있어야 비로소 그 효과가 나오는 것이기 때문이다.

초기에 영어를 교육하는 것의 위험성

현재 초등학교에서는 영어를 일주일에 몇 시간씩 학습시키고 있는데 조만간 수업시간 수를 더 늘릴 계획이다. 유치원에 들어가기 전부터 영어 스쿨에 다니게 하는 부모도 많다고 한다. 반복해서 말하지만 자국에서 살아가는 것이라면 국어를 하지 못해서는 기타 능력을 향상시킬 수는 없다.

자기 마음 속의 생각이 전해지지 않으면 외국어에서는 더욱더 상대에게 전해지지 않는다. 진정한 국어의 힘이 몸에 배어 있다면 명저를 읽어서 보다 깊은 감명을 받을수 있도록 한다. 명작 영화를 보면 그 감동은 영원히 마음에 새겨져 그것은 지금까지 이상의 인간성의 향상으로 이어질 것이다. 사람과 대화를 해도 그 자리의 분위기에 알맞는 대화를 할 수 있고 사람들을 즐기게 할 수 있을 것이다. 그러면 도대체 어떻게 하면 그와 같은 국어 실력을 익힐 수 있는가를 이제부터 기술하기로 한다. 그러나 이제부터 기술하는 내용은 학교 교육의 대부분을 부정하는 내용이 되어 버리기 때문에 모두가 실행하는 것은 어려울지 모른다.

모든 교과에 공통되는 공부하는 방법이 있다

한자의 학습법을 기술하기 전에 모든 교과에 공통되는 학습의 마음가짐과 준비를 기술해 두자. 산수(수학), 사회, 역사, 모두 같은 마음가짐과 준비가 필요하게 된다. 우선 지우개를 사용하지 않도록 한다. 자신이 쓴 사항이 지워지지 않도록 볼펜으로 쓰는 버릇을 기르면 좋다. 지우개를 사용하면 지우는 시간이 아깝기 때문이다. 자신의 실수나 실패는 지우지 않고 나중에 자신이나 교사가 확인할 수 있도록 남겨두는 것이 좋다. 수업 중에 학생이 노트에 볼펜으로 만화를 그린 것을 발견한 경우에도 잘 그렸으면 칭찬할 정도의 여유가 교사에게도 있었으면 한다. 교육의 기본은 꾸짖는 것보다 칭찬하는 데 있기 때문이다.

그 다음은 노트를 사용하지 않도록 한다. 옛날 우리가 가난했을 무렵, 신문에 끼운 광고 이면의 하얀 부분을 사용하여 공부하는 사람도 있었다. 광고의 이면이나 여백에 쓴 것은 버려지게 될 운명에 있다는 것을 알면서 쓰기 때문에 기억력은 갑절로 늘어난다.

또 줄무늬가 있는 노트와 같이 또박또박 쓰지 못하고 인쇄의 여백을 누비듯이 쓰게 되기 때문에 집중력이 붙는다.

값비싼 책상 위보다 과일 상자 위에서 학습하는 것이 학력은 더 향상된다. 대체로 과일 상자 위에서도 학습을 하려고 하는 그 패기 자체가 학습에 대한 마음가짐이 갖추어져 있다는 증거일 것이다.

준비해야 할 도구로는 '볼펜(본인이 쓰기 쉽고 마음에 드는 것. 빨간 색도 있는 것이 좋다)', '카피 용지 묶음(A4가 적당하다)' '텍스트 문제집(시판하고 있는 것이나 학원의 것이라도 좋다)' '국어사전' 네 가지다.

도구가 갖추어졌으면 학습에 가장 적당한 장소를 정한다. 집은 물론이고 전철을 타거나, 걸으면서, 차 안, 화장실, 잠잘 때의 침대 등 모든 곳이 학습의 장소이다. 예를 들면 머리맡에 종이를 놓고 거기에 영어단어(철자와 의미)를 하나 써 둔다. 그것을 자기 전에 본다. 눈을 떴을 때 본다. 그러면 하루에 한 개, 반드시 영어단어를 기억할 수 있다.

1년이면 365개다.

그것을 화장실에서도 실행하면 1년에 730개의 영어단어를 학습할 수 있다. 목욕시간도 더하면 1095개다. 이것을 중학 3년간 실행하면 영어 성적은 훨씬 더 좋아질 것이다.

그러나 대부분의 사람은 이것을 하지 않는다. 왜냐 하면 그 이유는 '귀찮으니까'이다. 현대인의 병인 귀차니즘. 이것은 인류의 적이라고 나는 생각하고 있다. 업무상의 실수 등도 대부분이 '귀차니즘'에서 발생하고 있다. 이 사실을 어른들도 잠재적으로 감추려 하고 있는 것이다.

부모가 분발하는 모습이 아이를 강하게 한다

학습에 가장 적당한 장소는 '온갖 장소'이다

학습의 마음가짐으로서 아이들의 마음에서 '귀찮으니까'라는 마음을 제거하는 것이 필요하게 된다.

핀란드 명품교육법

도구와 장소는 어떻든 되겠지만 '귀찮으니까' 라는 마음을 제거하는 작업에는 약간 시간이 걸린다. 우선 부모 또는 지도하는 측이 이런 마음을 가지고 있어서는 무슨 말을 해도 아이에게는 전해지지 않는다.

어른 스스로 모든 일에 있어서 '귀찮으니까' 라는 마음을 버리고 행동하는 것밖에 없다. 아이를 인도하기 위해서는 입으로만은 안 된다. 어떻게서든 필사적으로 살아가는 모습을 아이에게 보여주는 것이 필요하다.

모친이 열심히 분발하여 요리하고 있는 모습이라도 좋을 것이다. 이때에 '네게 맛있는 것을 먹이고 싶어, 그래서 엄마는 분발할 거야' 라는 말을 감정을 담고 아무렇지 않게 중얼거리는 연출이 필요하게 된다. 부친도 비록 고민 같은 것이 없어도 1주일에 한 번은 '이번 일에서 새로운 기획이 올라와서 지금까지 이상으로 분발해야 한다' 라는 말을 아이가 들을수 있도록 부부의 대화에서 입에 담아 주고받으면 좋다.

그러면 '아버지도 어머니도 노력하고 있구나……' 하고 생각하게 된다. '나는 틀렸어' 라는 등의 나약한 소리를 내서는 안 된다.

그리고 아이에게 살기 위한 '목적'을 갖게 하는 것이다. 이것은 '장래에는 과학자가 되고 싶다'라는 단순한 것이라도 좋다. 금요일 밤, 회사에서 돌아온 아버지가 아무렇지 않게 '어린이 과학 책'을 아이에게 '이거 선물이다' 하고 건네준다. '목적'의 형성이 아이가 학습하는 마음가짐의 토대가 된다.

이것도 연출이 필요하다. 영화에 비유한다면 부모나 교사는 감독이자 배우이며 때로는 아이에게 빛을 비추어주는 조명 담당이 되어야 한다. 더구나 아이의 아무렇지도 않은 말을 흘려 듣지 말고 포착하는 효과음 담당으로서의 일도 놓치시는 안된다.

아이에게 학습하게 하는 것은 한편의 영화를 만드는 것과 비슷하다. 전체적인 균형이 맞지 않으면 명작은 만들 수 없다.

한자를 학습하는 진정한 방법

여기까지가 '산수(수학), 사회, 역사'의 마음가짐과 준비의 기본적인 학습 내용이다. 다소 추상적인 내용이 있었기 때문에 몇 번이고 읽고 궁리하여 새김질하여 주기 바란다.

이번에는 '한자'의 학습법을 구체적으로 기술하기로 하겠다.

한자를 연습할 때 준비할 것은 '볼펜' '카피 용지(A4사이즈로 500매 묶음)' '국어 문장' '국어사전' 네 가지다. 세 번째의 '국어의 문장'이라는 것은 신문 기사라도 좋고 집에 있는 이야기책이라도 좋다.

한자를 외울때는 한자용 노트로 외워서는 안 된다. 학교나 학원에서 사용하고있는 한자용 노트에는 큰 결점이 있기 때문이다. 그 결점은 두 가지가 있다.

첫 번째는 한자만을 연습하는 모양의 것이 대부분이라는 것이다. 한자는 한 단어로 사용하는 것은 거의 없고 문자의 일부로서 연결하여 사용되고 있다. 따라서 한자의 모양만을 연습하는 것은 무의미에 가깝다.

두 번째 결점은 의미도 모르고 몇 번이고 써서 연습하는 방법밖에 모르는 바보 같은 학습 버릇을 익혀버릴 우려가 있다는 것이다. 이것은 위험하다.

아무튼 암기하는 것에 중점을 두고 그대로 암기하려고 한다. 따라서 유사 어구를 분류하여 사용할 수 없게 된다.

우선 신문의 좋은 문장을 찾아서 그 문장을 그대로 카피 용지에 볼펜으로 옮겨 베낀다. 그리고 자신이 옮겨 베낀 문장에 나오는 한자를 하나씩 사전에서 찾아 의미를 조사하여 여백에 그 의미를 기재한다.

한자의 모양을 연습하는 경우는 카피 용지의 여백을 사용한다. 시간은 대체로 30분 정도, 이 작업을 매일 반복한다. 학원에 다니고 있으면 그 학원의 텍스트에 나오는 국어 문장을 옮겨 베끼면서 사전에서 찾아 이해해 가도록 하면 학원 수업과의 상승효과도 나타나게 된다.

결코 어려운 작업은 아니니 아이와 함께 즐기면서 하면 좋다. 반드시 아이에게 좋은 결과가 나타날 것이다.

영화가 종합적인 국어 실력을 양성해 준다

국어 실력을 높이려면 풍부한 경험이 없어서는 안된다.

그러나 실제로 많은 것을 경험시켜주는 것에는 어려움이 따른다. 진짜 아름다운 숲이나 호수를 보여 주려면 먼 곳까지 가야하기 때문에 생각이 난다고 바로 갈수는 없기 때문이다.

그래서 궁극적으로 유사체험으로써 아이들에게 영화를

보여주는 것을 권한다.

영화관에서 가끔 영화를 보는 것뿐만 아니라 1주일에 2편 정도의 영화를 보도록 하지 않으면 국어 실력의 향상은 기대할 수 없다.

우선 왜 영화가 좋은가. 영화에는 음성과 더불어 영상이 눈에 보이는 형태로 흐른다. '무엇을 주저하고 있는 거야' 라는 말을 책에서 읽었다 해도 '주저' 라는 말을 어떤 때 사용하는지 모른다.

그러나 영화라면 주인공이 주저하거나 안절부절못하거나 하는 몸짓이 영상으로서 확인할 수 있기 때문에 '과연 주저라는 말은 이런 때 사용하는 구나' 라는 것을 쉽게 학습할 수 있다. 일상 생활에서는 별로 사용하지 않는 말을 영화에서 습득할 수 있는 것이다.

물론 심정의 주고받기나 변화도 파악할 수 있다. 인생의 벽에 부딪쳤을 때 취하는 인간의 행동이나 몸짓이 손에 잡히듯이 이해할 수 있다. 친구의 죽음을 알았을 때의 인간의 표정을 관찰할 수 있다.

책에는 영상이나 음성이 나오지 않기 때문에 아이들은 자기 멋대로의 해석으로 책의 내용을 읽어버리는 경향이 있다. 경험이 부족한 아이들은 자기 멋대로의 해석으로 만족하며 '이 책 재미있었어'라고 말한다. 그런데 그 책은 사실은 훨씬 더 재미있는 책이다.

예를 들면 실제로 바다에 잠수한 경험이 없어도 텔레비전 프로그램을 통해서 유사 체험이 가능하다. 바다에 잠수하는 경험을 직접 하는 것이 좋지만 유사 체험이라도 아이들의 상상은 끝없이 퍼져간다.

핀란드에서는 텔레비전의 애니메이션에 전부 핀란드어 자막이 들어가 있다.

그 대부분이 영어이거나 외국어이기 때문이다. 모국어로 바꿔 녹음하는 것은 일부러 하지 않는 것이다. 아이들에게 애니메이션을 보이는 교환 조건으로서 핀란드어를 읽는 것을 약속시키고 있는 것이다.

즐거운 애니메이션을 보고 싶으면 자막의 핀란드어를 빨리 읽어야 한다는 조건이다. 이 시스템은 나라와 텔레비전 방송국이 생각해 낸 학습 프로그램의 일환이라고 한다. 핀란드에서는 아이들은 애니메이션을 보고 있다고 하지만 실은 모국어의 학습을 하고 있는 것이다. 놀면서 공부한다는 것은 실로 이와 같은 것을 말하는 것이 아닐까.

이와 마찬가지로 우리의 아이들에게도 자막이 들어간 영화와 우리말로 바꿔 녹음한 영화를 1주일에 한편씩 번갈아 보이면 좋다.

이것은 절대적으로 효과가 있다. 여러 아이들이 이 방법으로 국어 실력이 상당히 향상되었다. 부모는 함께 영화를 보는 것도 그 동안에 나가 있는 것도 자유다.

다만 영화에는 좋은 영화와 별로 바람직하지 않은 영화가 있기 때문에 사전에 부모가 검토할 필요가 있다. 나도 영화를 좋아해서 연간 100편 이상의 영화를 보고 있지만 그 중에서 아이에게 도움이 된다고 생각되는 영화는 절반 정도이다. 너무 짙은 러브신이 있어도 좋지 않고 살인 장면이나 음침한 것도 피하는 것이 좋다.

영화를 좋아하는 어머니 아버지라면 곧 바로 '저것을 보여줘야지' 하겠지만, 그렇지 않은 부모는 우선 자신들부터 영화 감상을 시작해야 한다.

부모가 할 수 없는 것은 아이도 하고 싶어하지 않다는 것이 교육의 법칙이다. 영화를 보는것도 부디 노력해서 해 주었으면 하는 바램이다.

아이에게 국어 실력이 없어서 고민하고 있는 부모는 부디 응용해 보기 바라는 아주 간단한 학습 방법이다.

제 6 장

부모가 해야 할 일

우리나라의 '지적 재산'을 활용하면 아이는 좀더 신장한다

수준이 높은 교육관을 갖는 핀란드의 아버지

핀란드의 한 가정에 방문했을 때 학습의 본연의 자세에 대해서 서로 이야기를 나눈 적이 있다.

중학생과 고교생의 두 딸이 있는 가정이었다. 그 아버지가 '당신도 교육 관계에 종사하고 있다면 아이들의 교육 환경에 무엇이 최고인가라는 것에 대해서 생각이 있으시겠죠' 라고 물어왔다.

그래서 다음과 같이 대답했다.

"나는 아이들 시점의 능력에 맞춰주는 일은 하지 않습니다. 아이들의 능력을 조금이라도 끌어올리기 위해서 아이들이 노력하여 성장하도록 하고 있습니다."

아버지는 나의 이야기에 맞장구를 치면서

"그러면 세로와 가로 어느 쪽이 아이들에게 적합하다고 생각하십니까?"

하고 말했다.

나는 무슨 말을 하고 있는지 몰라서

"세로와 가로라는 것이 뭡니까?"

하고 묻자

"이, 실례했습니다. 세로는 키보드를 치는 동작을 나타내고 가로는 펜을 들고 노트에 쓰는 움직임을 나타낸 겁니다. 최근에는 컴퓨터를 사용해서 인터넷에서 여러 가지를 조사하거나 공부하거나 하는 아이들이 늘고 있습니다. 컴퓨터의 키보드를 치는 세로 방향의 움직임은 지금까지의 인간의 생활에 없었던 움직임입니다. 때문에 핀란드의 부모 대부분은 가로의 움직임 요컨대 옛날부터 사용하던 것처럼 노트나 종이에 펜으로 글씨나 그림을 그리는 것이 아이들에게는 좋은 영향을 준다고 생각하고 있는 겁니다. 그

것은 인간의 유전자에 새겨진 정보라는 관점에서 보더라도 틀림없다고 추측됩니다."

"과연 그것은 재미있는 사고방식이군요. 나도 전자 사전과 같은 무기질적인 것으로 만들어진 아이템을 사용하지 않도록 말하고 있습니다. 역시 나무나 종이라는 유기질적인 것으로 만들어져 있는 아이템으로 학습하지 않으면 기억력이나 사고력, 집중력 등에 영향을 미친다고 생각하고 있습니다."

"허, 무기질과 유기질 말입니까. 그 발상은 매우 흥미 있군요. 당신처럼 넓은 시점으로 교육을 파악하고 있는 사람이 있었군요."

그렇게 말하고 그 아버지는 나에게 악수를 청해왔다.

그 날 밤은 늦게까지 교육에 대한 이야기를 그 사람과 나누었다.

아이가 하고 있는 문제를 직접 해 본다

아이들은 종종 이런 질문을 한다.

"왜 어머니는 공부하지 않아도 괜찮은 거죠?"

이때 엄마가 '나는 어렸을 때 공부했기 때문에 괜찮은 거야.' 하고 대답했다고 하면 아이는 이에 대해서 '그러면 이 산수 문제 풀어봐요' 하고 더 깊이 질문을 해올지도 모른다.

사실은 부모의 대부분이 그 문제를 풀 수 없기 때문에 '그건 네가 해야할 공부잖니, 스스로 생각하거라' 하고 그 자리의 상황을 피하려고만 한다. 하지만 부모는 '나는 지금도 공부를 계속하고 있단다. 게다가 네가 하고 있는 그 산수 문제도 바로 풀 수 있단다' 하고 말하며 거침없이 아이가 하고 있는 문제를 풀어야 한다.

핀란드의 부모들은 아이가 하고 있는 학습 내용에 대단

히 흥미를 가지고 있으며 항상 어떤 프로그램에 따라서 학교가 수업을 진행하고 있는지를 체크한다. 그리고 차안이나 하이킹 중에라도 '일전의 사다리꼴의 면적 구하는 방법 말인데 사다리꼴의 면적을 구하는 방법은 몇 가지가 있다고 생각한다' 하고 먼저 대화를 유도 하기도 한다.

그렇다면 부모는 아이가 하고 있는 학습 내용을 전부 풀 수 있게 해 두어야 하는가 하면 그렇지 않다. 아이라는 것은 자신이 할 수 있는 문제를 부모가 풀지 못하면 업신 여기는 경향이 있다. 그러므로 만약, 산수에 관해서 묻는다면 자신의 아이가 풀지 못할 만한 문제를 아이가 잠든 후에 필사적으로 이해하여 풀 수 있도록 해 두면 된다.

그렇게 함으로써 부모로서의 위엄이 유지될 수 있는 것이다. 물론 집에 일을 가지고 와서 진지하게 고민하는 모습을 아이에게 보여 주어도 좋다. 그렇게 함으로써 아이는 '아버지, 어머니가 하는 일이 자신이 하고 있는 공부보다 힘든 것 같다' 고 느끼게 된다.

아이에게는 입으로 아무리 설명해도 안 된다. 그러므로 실제로 당신이 하고 있는 일이 공부보다 몇 배나 힘들다는 것을 보여주면 좋다. 만약 전업주부의 어머니라도 요리가 얼마나 힘든 작업인가를 아이에게 이해시키면 된다.

'네게 맛있는 요리를 만들려고 너무 긴장해서 손을 데고 말았구나'

이렇듯 대수롭지 않은 화상이라도 붕대를 둘둘 말아서 말하면 아이에 대한 효과는 절대적인 것이 된다.

아이를 성장시키려면 아이 마음의 스위치를 차례로 넣어 가는 것이 제일 빠를 방법이다. 거기에는 아이를 속이는 것이 아닌 다소의 연출이나 연기도 필요하게 된다.

실제로 아이가 수업에 사용하는 학교와 학원의 텍스트를 펼쳐 보고 포인트가 되는 문제를 부모도 학습해 보면 좋다. 문제들이 어렵다고 느껴지면 자신의 뇌가 쇠퇴하고 있다는 증거일 것이다. 텔레비전에 나오고 있는 바보같은 내용을 보고 웃고 있을 때가 아니다. 우선은 자신의 뇌를 활성화시킬 필요가 있다. 아이를 무시하는 것은 좋지만 아이에게 무시당할 부모가 되어서는 안 된다.

가정이란 작은연극을 하는 극장이며 부모는 아이라는 관객에게 항상 물리지 않는 연극을 보여주는 감독이나 배우가 되어야 한다.

아이에게 대가를 요구해서는 안 된다

 부모에게서 많이 볼 수 있는 현상중에 아이에게 대가를 요구한다는 것이 있다.

 아이를 소중히 기르는 것은 장래 자신이 나이 들면 그 아이에게 자신의 노후를 돌보게 하기 위해서라고 진심으로 생각하고 있는 부모도 많다. 그런데 핀란드에서는 그와 같은 생각은 믿을 수 없는 것이며 그와 같이 생각하고 있는 부모는 아마도 한 사람도 없을 것이다.

 '인간은 자신의 힘으로 살아야 한다.'

 이 생각은 핀란드 국민에게 공통된 '생활태도'의 기본이 되어 있다.

 비록 자신의 몸이 불편해져 가도 자신에게는 아직 사회에서 도움이 되는 능력이 있다고 믿고 그 힘을 가능한 한 발휘하는 것이 그들의 생활태도인 것이다.

핀란드의 국회의원의 월급은 500만 원 정도이고 우리의 국회의원과 비교하면 상당히 적은 느낌을 받는다. 모든 수당이 붙지 않기 때문에 극히 보통의 회사원과 같은 레벨의 급여이다. 민의에 의해 국민의 대표로 선출된 인간은 거만하지 않고 일에 열중해야 한다는 암시가 있으며 일은 어떠한 직업이라도 어려움은 같다는 개념에서 국회의원의 급여는 일반시민의 평균 레벨이 되어 있다고 한다. 한 대에 몇천 만원이나 나가는 고급 차량을 타고 졸고 있는 의원들은 핀란드에 존재하지 않는다.

'나는 음악을 좋아하기 때문에 음악 관계의 일에 종사하고 싶다'

'나는 건축에 흥미가 있기 때문에 장래에는 건축 관계 일을 희망하고 있다'

'운동을 좋아하니까 몸을 움직이는 일을 하고 싶다'

이와 같은 의견은 우리 아이들 사이에서도 들을 수 있는 것들이다. 그런데 '나는 나라의 정치에 흥미가 있기 때문에 장래에는 정치가가 되고 싶습니다' 라는 말은 아이들 사이에서 나오지 않는다. 그만큼 우리의 정치에는 매력이 없다는 것이다. 정치에 흥미 있는 아이들이 장래에 정치가가 되어 나라와 국민을 위해 일한다. 그리고 정치가를 지향하는 그 아이들은 결코 대가를 요구하지 않는다. 때문에 급여가 다른 일과 같아도 불평불만은 생기지 않는다. 이것이야말로 이상적인 것이다.

핀란드에서는 대가를 요구해서 어떤 행동을 일으킨다는 사고방식은 없다. 주는 일은 있어도 대가를 요구하지 않는 것이다.

아이의 건강, 아이의 웃음 띤 얼굴, 아이의 성장.
이것들이 이미 대가로서 부모들이 매일 받고 있는 것이다. 그 이상의 무엇을 바란다는 말인가.

어른들부터 말을 정확히 사용한다

인간은 일생 중에 어느 정도의 말을 기억할까.

일설에 의하면 그 수는 2만 단어 정도라고 하는데 젊은 이들의 대화를 듣고 있으면 수천 종류의 말조차 그들이 가지고 있는지 어떤지 의심스럽다.

맛 자랑 프로에 나오고 있는 탤런트들은 때때로 '이 맛이야!'를 연발한다.

이 맛이 어떤 맛인가, 된장 맛인가 고추장 맛인가?

그 말이 계속될 뿐 그 요리가 어떤 것이며 어떻게 맛있는지 텔레비전을 보고 있는 나로서는 전혀 전해오지 않는다.

올바른 정신이 올바른 말에 깃들었을 때 그 말은 무한한 에너지를 발산하게 된다.

보다 많은 말을 흡수하여 그 말을 자신의 것으로 만듦으로써 정신적 성장을 기대할 수 있는 것이다.

아이들에게 올바른 말을 정확히 가르쳐 나가지 않으면 '이 맛이다!'를 연발하는 품위 없는 어른이 되어버린다.

그러려면 우선 부모인 당신의 어휘를 늘리는 것이 먼저 해결 해야할 문세일 것이다.

부모의 어휘 양이 아이에게 반영된다

이것은 국어 실력을 향상시키기 위한 절대 조건이다. 일상적인 단어를 이야기할 수 있는 만큼의 레벨에서는 살아갈 수 있지만 인생의 풍부함은 손에 넣을 수 없다. 인생의 풍부함을 손에 넣으려면 국어 실력을 지금보다 더 연마할 필요가 있다.

어휘 양을 늘리려면 입과 눈과 귀와 손을 동시에 사용하는 학습법이 유효하다. 국어 이외에도 영어나 수학의 학습을 하는 경우 대부분의 사람들은 두 가지 밖에 사용하지 않는다.

인간의 뇌는 전체중에서 극히 일부에만 스위치가 들어 있다고 말하고 있지만 뇌는 외부에서의 자극에 스위치가 차례로 들어가서 반응하는 것이 최신 과학에서 밝혀져 있다. 입과 눈과 귀와 손, 및 코랑 피부의 모든 것에서 동시에 자극을 뇌로 보냄으로써 뇌가 쉬고 있는 스위치를 ON으로 하는 것이 가능한 것이다. 모든 감각 기능을 총동원하여 단시간에 효율 있게 학습하는 능력을 익혀 나가야 한다.

어휘 양을 늘리는 학습은 24시간 끊임없이 계속해야 한다. 말에 대해서 항상 민감하게 접할 필요가 있다. 영어를 공부하던 사람이 꿈속에서도 영어로 꿈을 꾸거나 잠꼬대를 영어로 하거나 하면 진짜 열심히 하고 있는거라고 흔히들 말하는데 그건 정말 맞는 말이다. 자신이 가지고 있는 말의 양을 늘리려면 일어나 있든 잠자고 있든 관계없이 말에 관해서 흥미를 가져야 한다. 항상 머리속 뇌의 어딘가에 스위치를 넣어 둘 필요가 있다.

어휘 양을 늘리는 구체적인 방법 중 한가지는 마음에 드는 사전을 한 권 가지고 다니며 읽도록 권한다.

사전의 기능에 충실하고 의미를 강조하여 게재되어 있는 것이 좋다. 사전을 항상 가지고 다니며 전철 안이나 사람을 기다리고 있는 동안에 읽는 것이다. 사전을 읽는다고 하면 표현이 이상하지만 좋아하는 페이지를 넘기고는 그 페이지에 실려 있는 말이나 의미, 거기에 쓰여진 내용을 읽고 마음속으로 말해 보면 좋다. 물론 펜으로 잡지 한 끝이라도 좋으니 휘갈겨 쓰더라도 눈에 띄는 내용을 메모하면 좋다.

메모한 것은 보존해 둘 필요는 없다. 손으로 '쓴다' 고 하는 확인 작업을 하는 것만으로 뇌속 기억의 스위치가 틀림없이 눌러지게 된다. 주위에 아무도 없으면 그 내용을 입에 담아서 귀로 들어오는 작업도 가한다면 기억은 더욱더 깊어진다.

텔레비전에서 알아듣지 못한 말을 귀로 들었으면 사전에서 그 뜻을 찾아본다. 신문이나 잡지 책 등에서 알기 어려운 말을 보면 사전에서 조사한다. 사람들과의 대화에서 중요한 말이 나온 경우에는 메모를 하고 반드시 나중에 사전에서 뜻을 찾아본다. 그리고 이런 작업에 있어서 입과 눈과 귀와 손 및 코와 피부의 모든 곳을 총동원하여 그 말과 뜻을 자신의 것으로 만들 수 있도록 행동을 일으키는 것이다(전자 사전이나 인터넷에서 찾는 것도 나쁘지 않지만, 될 수 있으면 어원이 실려 있는 사전을 한 권 가지고 다닐 것을 권장한다).

'사어'를 감히 사용하여 말의 깊은 맛을 느낀다

핀란드어는 독자적인 언어체계를 유지하고 100년 전의 핀란드와 현재의 핀란드어를 비교해도 사용되고 있는 말이나 문법의 체계에 변화는 없다.

그런 핀란드와는 대조적으로 우리의 말은 잇따라 사라져가고 있다.

두 번 다시 사용하지 않게 된 유행어적인 말은 불꽃이 다 타버려 떨어지듯이 덧없다. 그런 말을 '사어'라고 부른다.

사어의 대부분은 그리움과 아름다움을 내포한 것과 예전의 생활습관에서 생긴 것 등 역사의 중후함을 느끼게 하는 것이있다.

사어라고 말하면서도 그 말을 보거나 듣거나 하면 마음이 자극되는 것이 마치 부활을 계속 기다리고 있는 것처럼 꿈틀거리고 있다.

남은 시간이 몇 개월밖에 없는 중병에 걸려 있는 사람이 있다. 그 것을 본인은 모르는 채 시간이 흐르는 속에서 우연한 계기로 자신의 병에 대해 알고 말았다. 그래서 주위 사람들이 자신에 대해 마음 쓰고 평정을 가장하고 있었다는 점에 대해 초조함을 느껴 '너희들의 서푼짜리 연극 따윈 오래 전에 알고 있었다' 하고 일갈한다.

이와 같이 현대인이 너무 사용하지 않게 된 말을 대화나 문장의 여기저기에 심어놓음으로써 한 점의 보석과 같이 빛을 발한다.

누구나 사용하고 있는 말을 나열하기만 해서는 문장에 차이는 나타나지 않지만 사어를 액센트로서 대화나 문장에서 사용함으로써 그 표현력이 늘어난다.

아이들에게 보다 많은 말을 전해 주는 것이 바로 우리 어른들의 역할이다.

핀란드 명품 교육법

2013년 6월 15일 1판 1쇄 인쇄
2013년 6월 20일 1판 1쇄 발행

펴낸곳 | 동해출판
펴낸이 | 하중해
지은이 | 코바야시 아사오
옮긴이 | 홍영의
마케팅 | 홍의식
디자인 | 하명호
주　소 | 경기도 고양시 일산동구 장항1동 621-32호 (410-380)
전화 | (031)906-3426
팩스 | (031)906-3427
e-Mail | dhbooks96@hanmail.net
출판등록 제302-2006-48호
ISBN 978-89-7080-213-8 (03370)
값 10,000원

*핀란드 자녀교육법 〈개정판〉입니다.
*값은 뒷표지에 있습니다.
*잘못 만들어진 책은 구입하신 서점에서 바꿔 드립니다.